古典法治传统

贾永健　著

2024年度河南省高等学校青年骨干教师培养计划项目"习近平法治思想中的党内法规理论研究"（项目编号：2024GGJS014）；河南大学2024年度文科高质量发展资助项目"河南大学文科优秀青年科研骨干能力提升计划"（《纪检监察律师研究》）；河南省水利厅横向课题"深化行政执法体制改革背景下提升水行政执法质量和效能研究"（项目编号：SKH2024071）；2025年度河南省教育系统廉政专题研究项目"高校违反中央八项规定精神问题的主要表现与整治方法研究"（项目编号：2025LZZD-27）

河南大学出版社
HENAN UNIVERSITY PRESS

· 郑州 ·

图书在版编目（CIP）数据

古典法治传统 / 贾永健著 . -- 郑州 : 河南大学出版社 , 2025. 5. -- ISBN 978-7-5649-6363-7

Ⅰ . D909.9

中国国家版本馆 CIP 数据核字第2025JW2347号

GUDIAN FAZHI CHUANTONG
古典法治传统

责任编辑	李军军
责任校对	任湘蕊
封面设计	高枫叶

出版发行　河南大学出版社
　　　　　地址：郑州市郑东新区商务外环中华大厦2401号　　邮　编：450046
　　　　　电话：0371-86059752（大众文化出版中心）
　　　　　　　　0371-86059701（营销部）
　　　　　网址：hupress.henu.edu.cn

排　版	河南大学出版社设计排版部		
印　刷	郑州市今日文教印制有限公司		
版　次	2025年5月第1版	印　次	2025年5月第1次印刷
开　本	710 mm×1010 mm　1/16	印　张	12.5
字　数	248 千字	定　价	66.00 元

（本书如有印装质量问题，请与河南大学出版社营销部联系调换。）

序：与古典对话，探古今之变

郭绍敏

特别喜欢司马迁《报任少卿书》中的那句"究天人之际，通古今之变，成一家之言"。司马迁是这样说的，也是这样做的。正是在与文王、孔子、屈原、左丘明、孙膑、吕不韦、韩非子等古人对话的过程中，他完成了作为史家之绝唱的《史记》。司马迁《报任少卿书》曰："盖文王拘而演《周易》；仲尼厄而作《春秋》；屈原放逐，乃赋《离骚》；左丘失明，厥有《国语》；孙子膑脚，《兵法》修列；不韦迁蜀，世传《吕览》；韩非囚秦，《说难》《孤愤》；《诗》三百篇，大抵圣贤发愤之所为作也。"他完成了不朽的《史记》，做到了"有朽者的不朽"。所有真正的有抱负的学者都有一个"成一家之言"进而"不朽"的梦想——尽管常常是虚妄的，却支撑着他奋勇前行。说不定就梦想成真了呢，即使没有成真，那也是"非不为也，实不能也"。

和司马迁一样，永健也是一个自觉地与古人对话的逐梦之人。他论古不只是为了满足纯粹的知识兴趣，更有着深厚的现实关怀。他的所谓"古"，既指涉中国的"古"，也含括西方的"古"。在他的笔下，中西之争就是中西之争，古今之争就是古今之争，他没有像流俗的学者那样将中西之争简单地化约为古今之争，而是将中西知识、话语和传统置于平等地位（福柯说过，知识即权力），亦即说，孔子与亚里士多德、孟子与柏拉图的座位没有主次之分。永健还警告说，不可苛责前人。确乎如此！再说，我们有什么资格苛责前人呢？最具原创性的思想不还是出自"轴心时代"吗？

我还特别喜欢阿根廷诗人博尔赫斯的一句话："经典是一个民族或几个民族长期以来决定阅读的书籍，是世世代代的人出于不同的理由，以先期的热情和神秘的忠诚阅读的书。"然而，现在是短视频时代，人们不怎么读书了，更很少去阅读经典。所以才有人调侃说，所谓经典，就是大家都知道却从不去读的书。即使是学者，也大都追逐热点话题，只有在需要引经据典时才去翻翻那些落寞已久的典籍。

正因如此，永健对古代经典的"挖掘"和"诠释"才愈发显得可贵。经，经线也，反复编织也。经，"茎"也，根茎也，根基也。离开了经典、传统、根基，我们如何编织自身的意义网络呢，也许会在现代的世俗化浪潮中变得茫然、惘然、无所适从。永健博士毕业于以研习经典著称的西南政法大学，或许这是他一直对古典保持"热情"和"忠诚"的原因吧。

我还特别喜欢佛教天台宗智颛大师的一句话："中以不二为义，道以能通为名，不执常断二见，远离空有两边，是为中道。"这和儒家经典《中庸》所言的"致广大而尽精微，极高明而道中庸"是相通的。亦即说，任何极端的认知和思想倾向（极左或极右、信仰法律或宗教至上、"存天理灭人欲"或权力滥用、权力意志或奴隶道德）都是可怕的、危险的，不符合正道的。

正因如此，永健才反复强调"中道"，比如他指出，"'中道'作为权利精神内核和最终正义根据，根本上源于对人性的认识……人因分有神性，拥有理性，而获得神圣尊严，具有获得和实现自由权利的资格与能力；同时，人也保有兽性，充满着无限欲望，因而需要节制人欲，才能实现普遍的自由和权利"，"'中道正义'意味着人欲必须有所节制，每个人的欲求都应当保持在必要限度内，超过限度即是不义的贪欲。'限制人欲'应是'权利'的题中之义。权利是对人欲既解放又限制的中道规制"。这是常识，也是深刻的道理。

这本书是永健学术生涯的阶段性总结，也是他生命的阶段性总结。人至不惑（永健今年刚好四十岁），生命重启了，或曰"第二春"。我最近两年的感悟是，四十岁后才是男人的黄金时代。

永健曾是我的学生，后来成了我的同事。但他也是我的老师。二人行，必有我师焉。

我对"永健"一名的诠释：永结有情游，相期邈云汉；天行健，君子以自强不息。

当他健步如飞，行走在古今"大立法者"走过的大道上，我知道，他永远不会忘记仰望康德和笛卡尔仰望过的星空。

与行书斋
2025年6月2日

目　录

第一章　古典法治的二重结构：圣人立法与君子行法 ························ 001
　一、"立法"与"法"词义的古今之辨（变） ···························· 003
　二、儒家"法治"的"圣人立法与君子行法"二重结构 ···················· 005
　三、古希腊思想中的"哲人立法"与"贤良行法"之二重结构 ·············· 010
　四、古典法治二重结构是对人世政治二元对立的全面体察 ················ 014
　五、结语 ·· 018

第二章　西方法治源起：亚里士多德"Natural Slavery"思想释解 ·········· 019
　一、问题的提出 ·· 021
　二、"Natural Slavery"作为理性"统治"关系而具正当性 ················ 026
　三、作为正当"统治"关系的"Natural Slavery"近似现代管理分工关系 ···· 029
　四、"Natural Slavery"之正当性的现代挑战与发展 ···················· 034
　五、结语 ·· 043

第三章　中国法治源头：儒家义务对等型法正义思想释解 ···················· 045
　一、人与人关系的正义：儒家法正义论的终极关怀 ······················ 047
　二、人与人"义务对等"：儒家法正义的构建 ·························· 048
　三、"百代都行秦政法"："儒表法里"政制下儒家法正义的异化 ·········· 054
　四、结语 ·· 059

第四章　古今权利观演进的正义论变迁 ···································· 061
　一、普遍压制人欲的"前权利时代" ·································· 063
　二、全面解放人欲的"权利时代" ···································· 069
　三、"权利时代"的人欲过度膨胀问题 ································ 075
　四、迈向中道正义的"普遍自由时代" ································ 081

五、结语 089

第五章　古典自然法学对现代权利主体的塑造 091
　　一、阿奎那：贬低"自然"，抬高"人" 093
　　二、启蒙运动：驱逐"上帝"，凸显"人" 098
　　三、古典自然法学完成对"个人"的塑造 103
　　四、结语 111

第六章　古典权利证成标准的现代转化 113
　　一、"对应义务验证说"的理论证成 116
　　二、"对应义务验证说"的价值意旨 120
　　三、"对应义务验证说"的现实展开 126
　　四、结语 131

第七章　古典法律信仰的现代重构 133
　　一、问题的提出："法律信仰"理论存在缺陷 135
　　二、中国法律信仰论的内在逻辑 140
　　三、"恶法亦法"与"恶法非法"并非对立关系 149
　　四、"法治信仰"是对"法律信仰"的继承与修正 157
　　五、结语 164

第八章　法律与道德关系的古典反思 165
　　一、问题的提出：美德之伤与法律之痛 167
　　二、美德为何总遭受不良非议和恶意推测？ 167
　　三、美德何以受到法律消极对待甚至伤害？ 170
　　四、古今人性认识与法律目标的德性下行 174
　　五、善待美德才是良法善治 178

参考文献 183

第一章

古典法治的二重结构：
圣人立法与君子行法

发源于"轴心时期"的古典法治思想，倡举依"法"治国之义理。先秦儒家和以古希腊柏拉图、亚里士多德为代表的中西古典法治，都巧合地包含着一种精妙的二重结构——圣人"立法"与君子"行法"。它以恢宏的历史气度，全面观照国家治理中理想与现实、非常与日常、偶然与必然的二元维度，成就一种与现代法治存在根本气质差异的"厚重"法治。与此相应，启蒙以来的现代法治有日渐"稀薄"之象，需要吸纳古典法治智慧，全面成就人，从而获得更为恒久的历史生命力。

20世纪德国哲学家雅斯贝斯在其历史哲学中提出了著名的"轴心期"（Axial Period）学说。该学说认为，从公元前800年到公元前200年的几个世纪里，包括中国、古印度和古希腊等在内的世界东西方的主要文明区域，几乎同时出现了自己的思想"先知"，他们在相互隔绝、彼此没有交流的背景下差不多同时完成了一次人类思想的深刻转折和巨大飞跃。"那是些完成了飞跃的民族，这种飞跃是他们自己过去的直接继续。对他们来说，这一次飞跃如同是第二次诞生。通过它，他们奠定了人类精神存在的基础，以及所谓的真正的人类历史。"[1]

如果回到古典世界，从最广泛意义上理解"法"，那么"轴心期"的中国先秦与古希腊思想世界中都存在着一种系统的依"法"治国学说，亦可称为"古典法治"论。而且，巧合的是，中西方的这种"古典法治"都以一种大历史视角，全面观照国家治理中理想与现实、非常与日常、偶然与必然的二元对立，形成了极为相似的二重结构。它对现代法治的发展完善具有重大启示意义。

一、"立法"与"法"词义的古今之辨（变）

首先，需要对本研究的关键用词之特指含义作一个交代。本研究所使用的"立法"与"法"是在一种古典意义上使用的。它与法律实证主义主导下的"立法"与"法"，在含义上存在着巨大的根本差别。对这一差别予以明确辨析，是本研究论述的逻辑前提。

当前学术语境中，"立法"一词具有"古典意义"和"现代意义"之重大

---

[1] 卡尔·雅斯贝斯：《历史的起源与目标》，魏楚雄、俞新天译，华夏出版社1989年版，第62页。

区分。从法律政治学和一般法理学意义上来看，古典意义上的"立法"是关乎一方群体之"世道人心""是非根本"的"立言立矩""建政立制"等宏大历史行动。这类行动者群体被称为是（大）"立法者"（Legislator）；许章润认为，其意象包括天地大本、先圣先王、规范宣谕者以及建政立制的主权者，其天命之担当乃是"为人世立规矩，为人心定尺度"[1]。典型代表如古希腊的荷马、梭伦，中国先秦的周公、孔子等。"立法者"要"上察神道、天道与祖宗之法，下观人的灵魂与城邦的风俗，立法者要在上下之间穿行"[2]。

这是古代思想世界的通行用法，"在古代人们的心目中，立法者是超凡的具有神一般智慧的人"[3]，在西方的柏拉图、亚里士多德、西塞罗以及中国先秦的孔子、孟子、荀子等思想著作中，都有这样类似的概念和形象。本研究也正是在这一古典意义上使用"立法"与"立法者"。

近代启蒙时期，在孟德斯鸠和卢梭语境下的"立法"和"立法者"，还保留着较为浓重的古典意蕴，将"立法"视为是一种重大的"政体创建"和"风俗更易"活动。比如"法"被孟德斯鸠总结为"由事物的性质（nature）产生出来的必然关系"，具有广泛的内涵。卢梭就说："为了发现能适合于各个民族的最好的社会规则，就需要有一种能够洞察人类的全部感情而又不受任何感情所支配的最高的智慧；它与我们人性没有任何关系，但又能认识人性的深处；它自身的幸福虽与我们无关，然而它又很愿意关怀我们的幸福；最后，在时世的推移里，它照顾到长远的光荣，能在这个世纪里工作，而在下个世纪享受。要为人类制订法律，简直是需要神明。"[4]"敢于为一国人民进行创制的人——可以这样说——必须自己觉得有把握能够改变人性……能够改变人的素质，使之得到加强。"[5]因此，卢梭看来，"立法者在一切方面都是国家中的一个非凡人物"[6]。

---

[1] 许章润：《论立法者——在政治正义的意义上思考正当法，并论及法律的渊源和品格》，《苏州大学学报（法学版）》2014年第3期。

[2] 孙磊：《立法者、公民与政制——论亚里士多德政治学的"外王"之道》，《政治思想史》2015年第1期。

[3] 赵明：《论立法者》，《山东警察学院学报》2013年第4期。

[4] 卢梭：《社会契约论》，何兆武译，商务印书馆2003年版，第49-50页。

[5] 卢梭：《社会契约论》，何兆武译，商务印书馆2003年版，第50页。

[6] 卢梭：《社会契约论》，何兆武译，商务印书馆2003年版，第51页。

然而，19世纪以来随着法律实证主义的兴起，"立法"则日益被简化（降低）为一种国家专门立法机关制定法律规范制度的技术活动。"立法者"就是世俗的国家立法机构及其组成人员，是所谓的"Law-maker"。

"立法"词义的古今之变，背后乃是"法"义从"厚"到"薄"的古今之变。

在西方，"法"的古典意义内在有"自然法与实证法"二元结构；在中国儒家思想中，"法"也有着"礼、刑、律甚至是道"等广泛含义。总之，古典的"法"是一种多元的概念范畴。法律实证主义的兴起才使得"法"越来越被简约为"国家法"，特别是"国家制定法"（Statutory Law）。与政治概念的发展趋势类似，法的古今之义也呈现出从"厚"到"薄"的趋向。

如若放宽历史视角来看，对"法"持一种广义多元化的"厚"理解才是法律思想史的主流观点。"薄"的"法"概念占据现代主流地位也不过晚近二百年的时间。2014年通过的《中共中央关于全面推进依法治国若干重大问题的决定》，就对依法治国之"法"持一种多元化理解，不仅指"国法"，还把"党内法规"纳入了"法"的范围。这一举动，可以说是对"法"的古典理解的重大回归。

因此，若在"法"古典意义上来看，儒家也有"法思想"。儒家以"礼"为主干，辅之以"法、刑和律"，形成了其构建国家和社会正义秩序的基本规则——"礼法"。其中"循法而治"的观点也可以称为古典版的"全面依法治国"学说。虽然儒家所依循的"法"，与当代"全面依法治国"方略中的"法"有着本质的不同，但治国理念存在相通之处。故而，儒家也有"法治"论，而且还具有一种古典的"二重结构"。

二、儒家"法治"的"圣人立法与君子行法"二重结构

从最一般意义上来说，法治的实现过程就是法的动态运行过程，可以简化为"立法—行法"两大环节。法治的首要环节是"立法"，"立法"的行动者乃是人。人是法治的前提动力，犹如牛顿思想世界中为宇宙提供原始动力的那个"上帝"。"人能弘道，非道弘人，有人斯有文，有人斯有法，是先有了圣哲贤士，才有良好的制度。试想如果没有周公，何来先秦东方民族的文明？没有联邦党人，何来今日美国之制度？"[1]

---

[1] 徐晋如：《礼治是人治与法治的调和》，《原道》2017年第1期。

（一）法治的前提：圣人立法

这个立法的人——立法者，在儒家看来，比较完美的理想形象应当是"圣人"，即"圣人立法"。《礼记·礼运》云，"圣人作则"，圣人应当是立矩作则的立法者，如周公旦"制礼作乐"。

为什么圣人才是理想的适格立法者？这是由"立法"事业与"圣人"之特征的高度契合所决定的。

首先，"立法"是"则天象地"，要做到天道与人道合一，唯圣人胜之。圣人能够参悟天地，深刻洞察宇宙天地之理，所谓"皇天无亲，惟德是辅；惟天为大，圣人则之"[1]。其次，"立法"是建政立制、制礼作乐，需要深邃文教智慧，唯圣人有之。圣人之为"圣"，突出体现为其高深的政治与哲学智慧以及悲天悯人之博大情怀，奉其智于世人，为人世立规立矩。如周公、孔子"为中国文明奠定基本伦理框架、政治基础、行为规范和信仰体系"[2]。再次，"立法"要体察人性、体贴人心、规范人生，为人心定尺度，唯圣人可为之。如耶稣、释迦牟尼、穆罕默德以其操守言行、道德文章普度众生，厘定善恶是非之准则，立范人间。最后，"立法"还要深切理解某一地域性人民"生活方式"，梳理其间脉络，整合转换为一般意义规范，这一过程唯赖圣人体悟。圣人一定是某一地方的智者，具有突出地域性和民族性，如中华大地生长"周公孔孟"之圣人，体悟其地域之中人民一般生活方式，立为俗世之法，蔚然成风，终形成中华法文明圈。

俞荣根先生曾指出，孔子心目中的"天子""是尧舜之类的大仁大德的圣君。他主张圣人立法，立象他理想中的尧舜所立的仁德之法"[3]。儒家"圣人立法"后形成的理想图景，就是天下为公的大同世界："大道之行也，天下为公，选贤与能，讲信修睦。故人不独亲其亲，不独子其子。使老有所终，壮有所用，幼有所长，矜寡孤独废疾者，皆有所养，男有分，女有归。货恶其弃于地也，不必藏于己；力恶其不出于身也，不必为己。是故谋闭而不兴，

---

[1] 许章润：《论立法者——在政治正义的意义上思考正当法，并论及法律的渊源和品格》，《苏州大学学报（法学版）》2014年第3期。

[2] 许章润：《论立法者——在政治正义的意义上思考正当法，并论及法律的渊源和品格》，《苏州大学学报（法学版）》2014年第3期。

[3] 俞荣根：《儒家法思想通论》，广西人民出版社1992年版，第246页。

盗窃乱贼而不作,故外户而不闭。是谓大同。"所以,"尧舜时代就是所谓的'天下为公'、帝位禅让的大同时代"[1],也是儒家法治的理想时代。

(二)法治的重心:君子行法

法治的理想状态,首先是"圣人立法",而后就是由"圣人"来施行其所立之"法"。然而,如孔子所言:"圣人,吾不得而见之矣;得见君子者,斯可矣。"(《论语·述而》)

圣人是稀有的,可遇而不可求的。即使在盛产圣人的时代,也才五百年出一个圣人:由尧舜至于汤,五百有余岁;由汤至于文王,五百有余岁;由文王至于孔子,五百有余岁。而且,圣人必然死亡,"人亡"往往会导致"政息":文武之政,布在方策。其人存,则其政举;其人亡,则其政息……故为政在人。

圣人虽不常有,但君子可常见。因此法治的推行,主要就仰赖可常见的"君子"去实施圣人之法。

"君子行法"之根本遵循是要"法圣人而治"。孔子主张,后世治国者应当"祖述尧舜,宪章文武"(《礼记·中庸》),效法圣人之治,向大同社会努力。"博施于民而能济众"(《论语·雍也》),"修己以安百姓"(《论语·宪问》),是比仁德还高的圣德。君子"法圣人"之治,应当显现出"圣人"之开放包容大气度,秉持"四海之内皆兄弟也"(《论语·颜渊》),使"老者安之,朋友信之,少者怀之"(《论语·公冶长》)。

孟子也鲜明提出了"法先王"和"遵先王之法"的治国主张。孟子"言必称尧舜"(《孟子·滕文公上》),"我非尧舜之道,不敢以陈于王前"(《孟子·公孙丑下》)。"遵先王之法而过者,未之有也","诸侯有行文王之政者,七年之内,必为政于天下矣","师文王,大国五年小国七年,必为政于天下矣"(《孟子·离娄上》)。孟子所言"法先王就是'法尧舜',此外还有禹、汤和文、武、周公"[2]。"在他看来,'先王之道'是大一统的王道政治,是尽善尽美的政治;'先王之法'是大一统的良法,也是尽善尽美之法。"[3]"规矩,方圆之

---

[1] 俞荣根:《儒家法思想通论》,广西人民出版社1992年版,第242页。
[2] 俞荣根:《儒家法思想通论》,广西人民出版社1992年版,第298页。
[3] 俞荣根:《儒家法思想通论》,广西人民出版社1992年版,第299页。

至也；圣人，人伦之至也。欲为君尽君道，欲为臣尽臣道，二者皆法尧、舜而已矣。"(《孟子·离娄上》)孟子由此还质疑现实的统治者"为政不因先王之道，可谓智乎？""不以舜之所以事尧事君，不敬其君者也；不以尧之所以治民治民，贼其民者也"(《孟子·离娄上》)。

荀子也有类似的"法后王"学说。其所谓的"后王"也主要是指三代以降的圣王和贤人，如汤、文、武、周公。"王者之制，道不过三代，法不贰后王"(《荀子·王制》)。"后王之成名：刑名从商，爵名从周，文名从《礼》"(《荀子·正名》)。除此之外，荀子把"孔子和子弓"也视为需要效法的"王"，"今夫仁人也，将何务哉？上则法舜、禹之制，下则法仲尼、子弓之义"(《荀子·非十二子》)。"孔子仁知且不蔽，故学乱术足以为先王者也……故德与周公齐，名与三王并"(《荀子·解蔽》)，甚至"还备称伏羲、益、皋陶、后稷、契、夔、羿等古代先贤"[1]。

荀子的"法后王"思想实际也就是"法先王"或者是法圣人。荀子提出了圣人创制礼法说，认为礼法由圣人创制，和孔孟一样确立了圣人的"立法者"地位。"法圣人"之含义，就是"法礼义"或"法仁义"。因为"先王之道"的本质是礼义或仁义。"先王之道"是"仁义之统"，"儒者法先王，隆礼义"(《荀子·儒效》)，"先王之道，仁之隆也"(《荀子·儒效》)，"不法先王，不是礼义"(《荀子·非十二子》)。

"为政在人"。儒家"法先王"之治国目标的关键，是由君子来施行"先王之法"治国。《荀子·君道》有言："法者治之端也，君子者法之原也。"这里所谓的"君子"必须符合下列要求。

一是要既贤且能。治国者，是法圣人、遵先王之法的主体，要符合君子条件。所以，儒家要求治国者首先要自"修身"始，修成文质彬彬之"君子"，做"仁义为己任"的"仁人贤士"。"凡为天下国家有九经，曰：修身也，尊贤也，亲亲也，敬大臣也，体群臣也，子庶民也，来百工也，柔远人也，怀诸侯也。修身则道立，尊贤则不惑，亲亲则诸父昆弟不怨，敬大臣则不眩，体群臣则士之报礼重，子庶民则百姓劝，来百工则财用足，柔远人则四方归之，怀诸侯则天下畏之。"(《礼记·中庸》)

---

[1] 俞荣根：《儒家法思想通论》，广西人民出版社1992年版，第357页。

二是要"为政以德"。如此，治国方能"名正言顺"，才有合乎法律和道德观念的名分。孟子谓，"尧舜之道，不以仁政，不能平治天下"（《孟子·离娄上》），"'先王之法'必须通过'仁政'才能施行，而行'仁政'须有'仁者'。"[1] "唯仁者宜在高位，不仁而在高位，是播其恶于众也"（《孟子·离娄上》）。所以国君要时时用仁义来端正自己："君仁，莫不仁；君义，莫不义；君正，莫不正；一正君而国定矣。"（《孟子·离娄上》）

仁者，即孔子所谓的君子，也是荀子所谓的"治人"。孟子继承了孔子正名和为政以德的思想，在选拔官吏上，坚持孔子举贤才的主张，要求做到贤者在位，能者在职，尊贤使能，俊杰在位。荀子也提倡："尚贤使能，等贵贱、分亲疏，序长幼，此先王之道也"（《荀子·君子》），选拔贤良君子来治国。"故有良法而乱者，有之矣；有君子而乱者，自古及今，未尝闻矣。传曰：'治生乎君子，乱生乎小人。'此之谓也"（《荀子·王制》）。"君子者，治之原也。官人守数，君子养原"（《荀子·君道》）。"王者之人，饰动以礼义，听断以类，明振毫末，举措应变而不穷，夫是谓之有原，是王者之人也"（《荀子·王制》）。在一定意义上，"治人"要重于"治法"，"有治人，无治法"。因为"治国须有'良法'，有三代之'治法'；但'治法'……须得'治人'方能得到实行，收到好的成效"[2]。"故道王者之法，与王者之人为之，则亦王"（《荀子·王霸》）。总之，良好的治理，首先需要由集贤人和智者于一身的"君子"来统治。

三是要敬法行法。在儒家思想中，君子不仅要仁义贤能，还要讲"尊礼守法"，这是君子的基本品德。即使在假设情形中，孟子也认为作为执政者的舜不能妨碍执法："桃应问曰：'舜为天子，皋陶为士，瞽瞍杀人，则如之何？'孟子曰：'执之而已矣'"（《孟子·尽心上》）。孟子还曾主张，一个国家应有敢于谏诤甚至训导君主循礼遵法的"法家拂士"，比如伊尹。"太甲颠覆汤之典刑，伊尹放之于桐，三年，太甲悔过，自怨自艾，于桐处仁迁义，三年，以听伊尹之训己也，复归于亳"（《孟子·万章上》）。商王太甲正是因为从根本上破坏和颠覆了商汤王制定的大法，才被伊尹放逐并严加教诲。孟子通过这一故事所传达的道理在于："第一，法高于君，重于君，坏法之君可放，国之大法不可'颠覆'；第二，有仁心仁志的贤臣是国家法度的捍卫者、稳定

---

[1] 俞荣根：《儒家法思想通论》，广西人民出版社1992年版，第321页。
[2] 俞荣根：《儒家法思想通论》，广西人民出版社1992年版，第480页。

者。"[1] 所以，这些仁义贤能的君子，还是圣人所立之法的"捍卫者"。

总之，儒家法治的重心在于由"君子"去施行"圣法"。君主首先应当成为君子，然后做圣人之法的遵守者和实施者。

无独有偶，在西方法政文明源头的古希腊思想世界中，竟然也存着与先秦儒家类似的二重法治结构。

三、古希腊思想中的"哲人立法"与"贤良行法"之二重结构

在《理想国》中，柏拉图认为，最为理想完美的治理，当然是哲人王的智慧统治。他说，除非哲人在城邦中成为国王，或者我们现在称为国王和统领的那些人，能够真正地和充分研究哲学，集政治权力和哲学一身……否则，将对城邦祸害无穷（《理想国》）。所以列奥·施特劳斯指出，对于古典派来说，智慧对于自然而言是最高级的，它具有统治的资格。[2] 最佳最高级的统治，当然是"明智者"（the wise）的统治。

在"哲人王"的治理下，法治与人治之区分、立法与行法之分工，依然没有意义。国家治理全部由哲人王据其高明智慧"相机而行"。这就是柏拉图的"第一等统治"或者是"治国第一方案"。

然而，"明智者的统治所需要具备的条件，实在是很难达到"[3]。"哲人"与"王"在现实中往往割裂分离，难以合二为一。因此，根据现实政治逻辑，柏拉图在《法律篇》中矫正了自己的"最佳政体"观点，又提出了"治国第二方案"或者"第二等的统治"——法治，即由哲人或明智者（the wise）作为大立法者（Legislator），而后由贤良们（the gentleman）依法而治。由此，西方古典法治的二重结构得以形成。

（一）哲人立法：模仿神明纯粹智慧

列奥·施特劳斯对古希腊思想家们（古典派）之"最佳政体"论深入考察后，指出"按古典派的想法，满足这两个完全不同的要求——对于智慧的

---

[1] 俞荣根：《儒家法思想通论》，广西人民出版社1992年版，第323页。
[2] 列奥·施特劳斯：《自然权利与历史》，彭刚译，生活·读书·新知三联书店2003年版，第142页。
[3] 列奥·施特劳斯：《自然权利与历史》，彭刚译，生活·读书·新知三联书店2003年版，第143页。

要求和对于同意或自由的要求——的最好办法，就是由一个明智的立法者（a wise legislator）制订一套公民们经循循善诱而自愿采用的法典。那套法典既像是智慧的体现，它就应该尽可能少地进行变动；法治（the rule of law）要取代人治（the rule of men），无论后者如何有智慧"[1]。

哲人之立法，就是从根本上塑造国家及人民特性。柏拉图比喻说：哲人"拿起城邦和人的素质就象拿起一块画板一样，首先把它擦掉……在得到一个干净的对象或自己动手把它弄干净之前，他们是不肯动手描画个人或城邦的，也不肯着手立法的"（《理想国》）。

哲人所立之法，就是对神明理智的模仿，"把在彼岸看到的原型实际施加到国家和个人两个方面的人性素质上去，塑造他们"（《理想国》）。通过哲人的立法来模仿神明，人类回归了神圣，获得了神性。神明纯粹智慧得以永久留存人间，而不至于随哲人之身灭亡而消亡。[2]

哲人之立法，核心内容就是确立的一种"分配正义"（distributive justice）。亚里士多德认为，所谓"分配正义"就是"凡自然平等的人，既然人人具有同等价值，应当分配给同等权利"，同等的人予以同等对待，不同等的人予以不同的"名分"（《政治学》）。这与中国儒家理念存在共通之处。儒家就是将古代社会结构抽象概括为"五伦"宗法关系，并以"五对"社会主体关系为主干，编织"礼法"之网来对等分配相应德性义务，即"父慈、子孝、兄良、弟弟（悌）、夫义、妇听、长惠、幼顺、君仁、臣忠"（《礼记·礼运》），达到"父子有亲，君臣有义，夫妇有别，长幼有序，朋友有信"（《孟子·滕文公上》）的正义状态。

（二）贤良行法：再现哲人治国智慧

然而，历史一再证明孔子的感叹，"圣人，吾不得而见之矣；得见君子者，斯可矣"（《论语·述而》）。"单纯的最佳制度就是明智者的绝对统治；实际可

---

[1] 列奥·施特劳斯：《自然权利与历史》，彭刚译，生活·读书·新知三联书店2003年版，第143页。

[2] 参见程志敏：《宫墙之门——柏拉图政治哲学发凡》，华夏出版社2005年版，第133-139页。

行的最佳制度乃是法律之下的高尚之士的统治或者混合政制。"[1]

作为明智者的哲人,以其绝对智慧立法塑造城邦与人民之后,最为理想的情况,当然就是仍由哲人施行其所立之法。因为"制订法律的人要比任何人都更清楚,法律应该怎样执行和怎样解释"。[2]但哲人终究无法抵挡其肉身的自然"速朽律",无法做到永恒;而且哲人在历史时间上的显现概率极低,他们生死之间,无法实现哲人的接续连贯。

作为"有朽者"的哲人,只有通过建立伟大的功业才能获得不朽。在古人看来,最伟大的功业莫过于建立伟大的"城邦"(polis)和政治共同体,有朽的人正是通过献身于伟大的城邦追求自己的不朽。[3]

"有朽"(mortal)的哲人为城邦"立法",塑造伟大的城邦,正是在建立伟大的功业中,从而获得了"不朽"(immortality)。

随着哲人肉身的速朽,"哲人立法"之后,现实的最佳考量和选择就是"贤良行法"。"法律的施行必须委之于这种类型的人:他们最能够以立法者的精神公正不阿地施行法律,或者,他们能够根据立法者所无法预见的情势的要求来'完成'(complete)法律。古典派把这种人看作高尚之士(the gentleman)。"[4]他是政治上对明智者的反映或模仿(imitation)。

通过贤良者对法的施行,哲人之法不断获得生命力,哲人治国之大智慧持续重复再现,从而也让"有朽"的哲人获得了"不朽"。

哲人立法兼行法的"理想最佳政体"之所以无法实现,或者说现实最佳法治必然是哲人立法和贤良行法的"二重结构",根本上在于人性的现实状况。换言之,古典法治二重结构的形成,有着坚实的人性基础。

(三)中道人性论:古典法治二重结构的人性基础

亚里士多德是西方古典法治论的集大成者。他构建了一种系统的"中道"

---

[1] 列奥·施特劳斯:《自然权利与历史》,彭刚译,生活·读书·新知三联书店2003年版,第144页。

[2] 卢梭:《社会契约论》,何兆武译,商务印书馆2003年版,第83页。

[3] 吴增定:《有朽者的不朽:现代政治哲学的历史意识》//渠敬东编:《现代政治与自然》,上海人民出版社2003年版,第247-248页。

[4] 列奥·施特劳斯:《自然权利与历史》,彭刚译,生活·读书·新知三联书店2003年版,第143页。

人性论，并将其运用于"最佳政体"思考，从而完全摒弃了柏拉图"第一等统治是哲人的纯粹智慧统治"的观点，将"法治"作为现实最优治理方式。根据亚里士多德的"中道"人性论，人毕竟不是神，而是"介于神兽之间的存在"（an "in-between" being——between the brutes and the gods）。[1] 人永远无法摆脱兽性。

所以，神明的智慧统治在现实中终究是不存在的，人类亦唯有模仿神明的智慧进行统治。法律是一种理智的技艺，是对神明纯粹理智的模仿，所以"法治"是对"智慧统治"之最佳政体的模仿。[2] 只有当人追随神明的踪迹而为人类社会建立起法律的时候，人回归神圣之旅，才真正开始起航。所以，"法治"乃是次一位的最佳现实统治方式。[3]

实行"法治"，就是人类追求正义的"第二次起航"。[4]

理想层面的最好政体，应该是君主制——如果君主真是有德之人的话。但这只是可能而已，仅存于幻想之中。因为这样违反了中道人性论，把"人"当作了"神"。既然"人"不是"神"，也不可能成为"神"，就不能用"神"的标准去过高要求和高估"人"，因而也就不能给人以恣意的绝对权力。

让"人"握有绝对不受制约的强大权力（power），就是将"人"当作了"神"，抹杀了"人神之别"，是对人的过高要求和期望，是对人性极限的挑战或挑衅。这注定会遭到重大失败，给人类社会带来毁灭性后果。柏拉图后来就说："人类要么制定一部法律并依照法律规范自己的生活，要么过一种最野蛮的野兽般的生活。"（《柏拉图全集》）

人只有过一种"法治的生活"，才不致堕落到"禽兽世界"，才会获得"人的尊严和德性"。"法律要求人们全部合乎德性而生活，并禁止各种邪恶之事。为教育人们去过共同生活所制定的法规就构成德性的政体。"（《尼各马可伦理学》）故而，亚里士多德主张必须实行"法治"，要用法律使人们相互牵制，

---

[1] 参见亚里士多德：《政治学》，吴寿彭译，商务印书馆1965年版，第9页；亚里士多德：《尼各马可伦理学》，廖申白译注，商务印书馆2003年版，第191-192页。

[2] 列奥·施特劳斯：《自然权利与历史》，彭刚译，生活·读书·新知三联书店2003年版，第143页。

[3] 柏拉图：《柏拉图全集》（第3卷），王晓朝译，人民出版社2003年版，第155页。

[4] 程志敏：《官墙之门：柏拉图政治哲学发凡》，华夏出版社2005年版，第135页。

人人都不能按自己所认可的准则行事。这是十分有利的，因为人如果能够随心所欲，就无法对付根植于每一个人内心的鄙陋和丑恶。

中道的人性论也要求实行"民主"的统治。"假如有人超出常人到众神和英雄超出人类的程度，首先是体魄大大超出寻常，其次是灵魂，那么他们就是无可争议的统治者，明显超乎被统治者之上，于是就皆大欢喜地决定了同一些人永远是统治者或被统治者。既然这种事情并不常见，而类似居拉克斯的记载，在印度人中间国王们就远远超出他们的臣民，这样的事情也非我们所能见到，那么从种种理由中必然可以得出一个明显的结论，即让所有公民一律轮番参与统治与被统治。"（《政治学》）

总之，亚里士多德从其对多门科学尤其是生物学研究认识出发，形成了中道的人性论，即在万物存在链条中，"人"居于"神"与"兽"两端之中，因而兼具二者属性。政体设计和政治统治必须全面考虑二者。作为神性的分有者，人不仅需要道德，也需要满足天赋求知欲为旨趣的智慧（《形而上学》《优台谟伦理学》）；作为动物本能的分有者，人注定无法彻底摆脱兽性，从这一角度而言，永远没有人中之神或圣人，所有的人都需要法的规约，都需要一种民主的政治统治。

四、古典法治二重结构是对人世政治二元对立的全面体察

"何为最佳政制？"一直以来都是古典政治哲学的元问题。对这一问题的探究与回答，必然要建立在对人类政治社会根本矛盾的把握与认识上。而古典法治的二重结构，就是建立在对人类政治一系列二元对立与矛盾的全面体察之上。

（一）全面认识人之神性与兽性、升华与堕落

休谟曾言，对人性的认识是人类科学的出发点。[1] 对人性的不同认识，也决定了政治哲学观点的根本不同。古典法治的人性基础，集中表现为亚里士多德的中道人性论。古典法治对人之神性与兽性、升华与堕落二重趋向的全面体察和认识，从根本上决定了其二重结构的形成。

---

[1] 参见休谟：《人性论》（上册），关文运译，郑之骧校，商务印书馆1980年版，第7-8页。

古典政治哲学认为,"人"因分享有神性智慧,故而能够"自我立法"。古典法治尊重人的"神性",故而让人来做人世的"大立法者",而非完全将"立法"视为神明专享之职事。这体现了对人之智慧的信任、尊重和发扬。

同时,古典法治基于对人在德、智等方面差异性的体察和承认,将"立法"大事交托于圣人或哲人,视其为应然的"大立法者",将"贤良君子"作为适格的"行法者"。这可以说是对人类精英的切实承认和尊重,是对精英智慧的充分运用和发挥。

古典思想家对人性差异的认识,表明"他们并非平等主义者。并不是所有的人都同等地为自然所装备来向着完善前进,或者说,并不是所有的'天性'(natures)都是'好的天性'(good natures)。就在所有的人,也即所有的正常人都具备道德能力的同时,有的人需要别人的指导,而别人根本不需要别人指导,或者只在小得多的程度上需要指导。此外,不管自然能力方面有何差异,并非所有的人都是以同等的热忱来追求德性的"[1]。"由于人们在人类的完善方面亦即在至关重要的方面是不平等的,一切人的平等权利对于古典派来说,就是最不公正的了。他们争辩说,有的人生而比其他人优越,因此,按照自然权利,他乃是统治别人的人。"[2]

儒家也存在着一种有差别的人性论。"朱熹的人性论认为,人性分'天命之性'和'气质之性'。'天命之性'是完全合乎'天理'的,符合'三纲五常'的,是至善至美的。'气质之性'是先天禀赋的,有'深浅厚薄'的不同,有善也有恶。因此,应根据人的不同'气质之性',分别施以德礼政刑四术:气禀好的,以'德'导之;次之者,以'礼'齐之;再次之者,以'政'治之;气禀最坏的,以'刑'罚之。"[3]所以朱熹在法治方面就主张:"先立个法制如此,若不尽从,便以刑罚齐之。"(《朱子语类》)

另外,除对人之神性和升华趋向予以高度认同外,古典法治也对人之兽性和堕落本性保持了一种理性的清醒。如亚里士多德所言:"人一旦趋于完善

---

[1] 列奥·施特劳斯:《自然权利与历史》,彭刚译,生活·读书·新知三联书店2003年版,第135页。

[2] 列奥·施特劳斯:《自然权利与历史》,彭刚译,生活·读书·新知三联书店2003年版,第136页。

[3] 俞荣根:《儒家法思想通论》,广西人民出版社1992年版,第606页。

就是最优良的动物,而一旦脱离了法律和正义就会堕落成最恶劣的动物。"荀子也说:"人无礼则不生,事无礼则不成,国家无礼则不宁。""人无法,则怅怅然;有法而无志其义,则渠渠然;依乎法而又深其类,然后温温然。"(《荀子·修身》)"其百吏好法,其朝廷隆礼,其卿相调议,是治国已。"(《荀子·富国》)"至道大形:隆礼至法,则国有常;尚贤使能,则民知方。"(《荀子·君道》)"人之生,固小人,无师、无法,则唯利之见耳。"(《荀子·荣辱》)

亚里士多德曾言:"谁说应该由法律逐行其统治,这就有如说,惟独神祇和理智可以行使统治;至于谁说应该让一个个人来统治,这就在政治中混入了兽性。"[1] 因此,古典思想主张"循法而治",而非"无法无天、任性妄为"之治。古典所谓"法治"基本理念就是,任何世俗权力必然要受到"法"(古典意义上)的规范性制约和羁束,同时权力行使和治理行为也必须循"法"(古典意义上)而为。

对人之"兽性"的忽视,容易导向不受制约的绝对权力(absolute power)之治,必然对人类政治造成毁灭性后果;而对人之"神性"的无视,又会导致全面的"酷法之治",使人类社会丧失自由生机活力,也必然走向崩溃和灭亡。历史证明,只有全面体察和观照人性的法治理论,才能引导国家走向可持续的长治久安。

(二)全面兼顾偶然与必然、理想与现实、暂时与长远

历史时间具有偶然与必然维度。具有大智慧、大德性的"圣人"或"哲人",在人类历史中的出现具有极大偶然性,且不可持续,属于"非常"现象。由他们来做最高统治者治理国家,当然也是政治的最理想状态,但却是具有偶然性的、不可持续的状态。它的实现取决于机遇,绝非必然。它的实现极其困难,因为人们不能控制它赖以成为现实的那些条件,或许它永远不会成为现实。

即使圣人更迭不在了,但人类政治历史的前行脚步却永不停歇。圣哲撒手人寰,人世政治该如何安排?这就必须考虑谋划一种日常的、可持久的现实政治状态。古典思想家们认为,法治就是这样一种现实的日常政治状态,它是充分兼顾了理想与现实、偶然与必然的政治构想。

---

[1] 亚里士多德:《政治学》,吴寿彭译,商务印书馆1965年版,第168-169页。

圣哲既然具有偶然性、非常性、不可持续性，那么由其永久治国即是空想。然而又要充分运用其大智大德造福人类政治，那最佳的方式就是由"圣哲"作"大立法者"，为凡俗政治创制"大法"，为人生定规矩，为人心定尺度。

首先，"立法"是法治的逻辑前提，也是首要的关键环节。"法"之质量好坏，是否良法，直接决定着法治的质量好坏，决定着法治能否达至善治。将圣哲伟大智慧集中于"立法"，可谓是对于人世政治事业的最有利运用。同时，对应于圣哲之不可持续性，"立法"活动也具有非持续性特点，一旦"良法"得定，就有可能有效施行百年、千年而不绝。即使圣哲身朽，但作为其智慧结晶的"大法"，亦能持续化育施福人世。所以，将"圣哲"放到"立法者"之位，是对其有限生命和伟大智慧的最佳结合，是对人世政治的最有利安排。

其次，"圣人"虽不得见，得见"君子"还是很现实的。与"圣哲"的历史偶然性相比，"贤良君子"出现的概率则大得多。一个时期，某一社会群体中产生"贤良君子"，甚至可以说是一种必然现象。因此，"贤良君子"具有与"圣哲"相互补的必然性、日常性和可持续性特点。

"圣哲"自身的特点决定了其"立法"活动具有偶然性和非常性，换言之，"立法"是一种短时段的"非常"政治状态。"立法"之后，政治要进入更长久时段的"日常"状态——"施行法"。"施行法"的最理想安排当然也是"圣哲"来施行法，但"圣哲"之偶然、非常和不可持续的特点与"行法"之日常、持续的特征相悖冲突。所以，只能退而求其次，由"贤良君子"行法。

"贤良君子"是"先圣哲人"的模仿者和追随者，由其实行"法"，也可以说是运用"圣哲"之智慧与德性施行圣法；同时，"贤良君子"整体具有日常性和可持续性，正符合"行法"事务的日常性和持久性。所以，"君子行法"全面契合了作为日常政治之法治的要求，是一种"优良"的政治设计。

正因为古典法治之"二重结构"中蕴藏着极为高明深刻的政治智慧，以至在西方启蒙思想家那里还得到高度的认同。卢梭对"伟大立法者"与作为"行法者"的伟大国君之关系，形象地阐释道："如果说一个伟大的国君真是一个罕见的人物，那末一个伟大的立法者又该怎样呢？前者只不过是遵循着后者所规划的模型而已。一个是发明机器的工程师，另一个则只不过是安装机器和开动机器的工匠。"[1]孟德斯鸠也对古典"立法者"与"行法者"之关系概言:"在社会制度刚刚产生出来时,共和国的首脑们就缔造了共和国的制度,而后来则是共和国的制度造成了共和国的首脑。"[2]

五、结语

在破除了现代法律实证主义对理解和认识"法"概念的局限与束缚之后,古典法治及其厚重智慧终究得以凸现。它起源于人类思想的伟大"轴心期",在古希腊法政哲学与中国先秦儒家思想中共同孕育,形成了全面观照人性和政治二元对立矛盾的"二重结构"。它深刻启示着现代法治的完善发展,必须吸纳借鉴古典法治智慧,全面体察人世政治的理想与现实、应然与实然、非常与日常、偶然与必然,全面兼顾人之神性与兽性,"不抛弃、不放弃",达到一种"厚重"的法治。首先,不抛弃人与政治的世俗性,充分承认人之世俗欲求的正当性并予以充分满足,并构建起完善的"权力制约"和"权利规制"法律体系,实现人之利益关系的规范有序。同时,要承认人与政治之有限性,不凌空蹈虚,追求乌托邦。其次,不放弃人与政治的超越性。不能放弃理想,不能只在低层次欲望层面构建法治,这是对人之神圣性的无视或侮辱。美德,是人的神圣性和独特尊严的根本标志,是人性的升华。对神圣性的追求,体现了人超越动物的类自觉。现代法治还应更多关注人之德性需求。既关注欲望,又培育美德;既要抑恶,更重扬善,促进人类社会永续进步和人的全面发展。

---

[1] 卢梭:《社会契约论》,何兆武译,商务印书馆2003年版,第50页。
[2] 孟德斯鸠:《罗马盛衰原因论》,婉玲译,商务印书馆1962年版,第2页。

第二章
西方法治源起：亚里士多德"Natural Slavery"思想释解

亚里士多德对"奴隶制"的"美论"并非为奴隶制辩护，而是从自然目的论出发对"Natural Slavery"学说的阐述和建构。他认为，人之天性中存在的理性从差别根本上决定人（理性完全者）"统治"人（理性不足者）的自然正当性和永恒性。它与中国儒家基于人之德性差异的统治正当论存在许多共通契合。在现代语境下，"Natural Slavery"实际是一种政治社会领域的理性分工论：人的理性差异决定人与人之间必然存在"脑力与体力、管理与被管理"的分工和分化。面对所谓"禀赋决定论"，甚至"种族主义"的质疑和批判，亚氏学说必须充分吸纳"自由开放、机会平等"现代文明观念，方能更具解释力和生命力。展望未来，或许人工智能的发展会为消灭"社会分工"这种人之"异化"根源创造积极可能。

一、问题的提出

（一）亚里士多德是在为奴隶制辩护吗？

读亚里士多德《政治学》，人们往往会形成这样一个印象：亚里士多德在为奴隶制辩护。他试图用推理和事实等各种方式的充分论证，赋予"奴隶制"以当时最美好的词汇"自然的""有益的""互利的""正义的"，并说"有人天生就应做主人、有人天生就该是奴隶，对奴隶来说，被奴役不但有益而且公正"。这使"亚里士多德《政治学》的现代读者对于亚里士多德支持自然奴隶制常常感到尴尬"[1]。尴尬的原因在于，现代读者观念中，人人生而平等自由，符合这种观念的制度才是正义的；而现实的奴隶制造成人对人的压迫与奴役，奴隶被当作物件被任意处置、摧残甚至被剥夺生命。奴隶制应该是严重摧残人性、践踏人之尊严的万恶制度"，何谈正义（just）？何谈有益？何谈"互利"（mutual benefit）？而这个伟大思想家，竟然支持这种丑恶制度！对此，持现代观念的读者当然感到不解和尴尬。

对亚里士多德的这种支持奴隶制态度，近代启蒙思想家卢梭对此强烈反

---

[1] 尼柯尔斯：《美好生活、奴隶制与获得物——亚里士多德的〈政治学〉》// 刘小枫：《城邦与自然——亚里士多德与现代性》，柯常咏等译，华夏出版社2010年版，第134页。

对，批判亚里士多德是"倒果为因"[1]，甚至将其作为《论人与人之间不平等的起因与基础》的主要批驳对象。《论人与人之间不平等的起因与基础》开篇的题记，引用的就是亚里士多德《政治学》第一卷的一句话，"为他在本书中批驳亚里士多德的观点作伏笔"[2]。自此以来的现代学者也通常将其归因于他对那个奴隶制时代的偏见。例如亚里士多德的研究大家罗斯（Ross）在其著作《亚里士多德》中解释说："像这样已经成为希腊日常生活中司空见惯的一部分的安排，如奴隶制，亚里士多德会认为其属乎事物本性，这一点固然令人遗憾，但也毫不奇怪。"[3]另一位学者马尔根（Mulgan）也在《亚里士多德的政治理论》一书中提醒读者："我们不可忘记……他写作其中的社会把奴隶制视为当然"[4]，奴隶制受到普遍承认。希思则直接要求摒弃这种让人窘迫的学说，因为它是出于意识形态的偏见并且论证也不充分，根本上是错误的。[5]而在我国，长期以来，认为这是由于"亚里士多德本人的阶级立场局限"，在许多政治思想史、法律思想史等教材和著作中更是随处可见。比较典型的说法，如"对于这种分明是由于社会经济的必然演变而产生的、用国家暴力镇压来维持的奴隶制度，亚里士多德却硬要把它说成是'自然的'或'合乎理性的'制度。可见，作为奴隶主阶级的大知识分子，亚里士多德的阶级偏见是极深的"[6]。总之，古今中外许多学者都把亚里士多德称赞的"奴隶制"与现实奴隶制作为同一事物，而进行批判与阐释的。

但亚里士多德所论"奴隶制"的美好与现实奴隶制的残暴之严重冲突，

---

[1] 卢梭：《社会契约论》，何兆武译，商务印书馆2003年版，第7页。

[2] 卢梭：《论人与人之间不平等的起因与基础》，李平沤译，商务印书馆2007年版，第17页。

[3] 尼柯尔斯：《美好生活、奴隶制与获得物——亚里士多德的〈政治学〉》//刘小枫：《城邦与自然——亚里士多德与现代性》，柯常咏等译，华夏出版社2010年版，第134页。

[4] 尼柯尔斯："美好生活、奴隶制与获得物——亚里士多德的〈政治学〉"//刘小枫：《城邦与自然——亚里士多德与现代性》，柯常咏等译，华夏出版社2010年版，第134页。

[5] Malcolm Heath, "*Aristotle on Natural Slavery*", Pronesis, 2008, 53(3): p.244.

[6] 吴恩裕：《论亚里士多德的〈政治学〉》，载亚里士多德：《政治学》，吴寿彭译，商务印书馆1965年，序言第7页。

第二章　西方法治源起：亚里士多德"Nnatural Slavery"思想释解 | 023

又该如何解释呢？甚至细心的读者还会发现，亚里士多德这位哲人，对奴隶制的论述存在"前后矛盾"问题。如"自然赋予自由人和奴隶不同的身体"，奴隶"身体粗壮以适于劳作"，自由人的身体挺拔适合作战和政治活动，而后文却又说"有些奴隶具有自由人的灵魂，有些奴隶具有自由人的身体"。

若将亚里士多德视为一位思想巨人，那么就自然形成这样一个疑问和困惑：上述吾等后人极易发现的矛盾和谬误，难道这位哲人对此都毫无察觉抑或故意视而不见？前述学界对亚里士多德之奴隶制态度的各种解释，都因或多或少存在着误读和偏狭，而不能通顺解答这个困惑。对此，我们既不能完全站在现代观念立场上对亚里士多德支持奴隶制的态度简单地感觉尴尬或给予批判，也不能完全从当时时代背景出发以一种力求全面客观的姿态来包容和同情地理解。本研究试图引入这样一个两维视角，即亚里士多德的"奴隶制"论述，其实包含有两个维度：一是形而上的"自然目的论"维度；二是形而下的"现实约定法"维度。相应也就有两种奴隶制：一是"自然"奴隶制；二是"现实"奴隶制。坚持区分这两个维度，来阅读《政治学》，或许可以对亚里士多德的"奴隶制"问题获得一个通顺理解。

（二）亚里士多德所赞"奴隶制"到底何指？

《政治学》一开始就将"奴隶制"作为讨论主题，但直到第六章才点明"奴隶制话语"存在两个叙述维度。他说，奴隶制（slavery）和奴隶（slave）这两个词语（terms）有两重意义（sense）：一种因法律（by law）而生的，这种法律是一种战争约定（agreement），战败者为战胜者的奴隶；另一种是因自然（by nature）而生的。因法律而生的奴隶制，这种法律主要是战争约定，因而是一种约定法，那么这种奴隶制也可以说是因"约定法"而生的奴隶制。这表明《政治学》的"奴隶制"表述，有两个需要区分开来的维度：一是形而下的"现实约定法"维度；二是形而上"自然目的论"维度。相对应也就有两种奴隶制概念：一是现实奴隶制；二是自然奴隶制。

首先是现实奴隶制。它是指根据战争中"战败者为战胜者奴隶"的法规，而产生的奴隶制。这种法规本质是约定性的，所以这是一种约定的奴隶制，不是自然的。法规背后的正义观是，"正义就是强者的统治"；而反对这种奴隶制法规的正义观是"正义就是仁善（benevolence）"。

其次是自然奴隶制。这是指根据自然本性中"德性高贵者应当做统治者（ruler）或主人（master）"的自然法而产生的奴隶制。这种法则的根据乃是"自然"（Nature），因为自然趋向于（Nature tends to）根据德、恶区分出自由人和奴隶，因而这是一种"Natural Slavery"观念。其实这种观念并非亚里士多德的创造，而是普遍存在于当时人们的意识观念中。他们承认，一些人在任何地方都是奴隶，有些人在任何地方都不是奴隶；有些人在任何地方都是高贵的，而非希腊人只在自己本邦是高贵的。

于是，在两种维度下，也就存在着两种高贵和自由：一种绝对的（absolute），一种相对的（relative）。"自然的奴隶制"下的高贵和自由乃是绝对的，而源于约定法的现实奴隶制所区分出的高贵和自由则是相对的。

那么在《政治学》卷一中，亚里士多德所谓的"奴隶制"指的是哪种呢？换言之，亚里士多德所努力论证并予以"支持辩护"的"奴隶制"到底何指呢？答曰，是基于形而上的"自然目的论"而演绎出的自然奴隶制（Natural Slavery），主要理由如下。

第一，《政治学》开始论及奴隶制时，就是从"自然目的论"维度出发的，因此从开始就确定了第一卷讨论的奴隶制主要是"自然的奴隶制"。《政治学》在第一章伊始提出"人类政治共同体应当以最高善为目的"的终极论点后，在第二章就开始考察世界的自然结合关系：从雌雄（男女）关系到主奴关系，确立了他论述的自然主义基调和视角。他认为，为自身延续而形成的雌雄（男女）结合，并非有意而为，而是出于自然本性的驱使；自然的"统治者"与自然的"被统治者"的结合，也是因为共同保全的缘故。具有理性预见能力的人，就是自然的"统治者"（ruler）和自然的"主人"，而以身体劳作的人就是自然的"被统治者"（ruled）和自然的"奴隶"。而且此后也没有任何文字直接指明或相关内容间接表明，他改变了论述对象。

第二，亚里士多德自己说，《政治学》一开始所谈的奴隶制就是"自然"奴隶制和"自然"奴隶。他在第六章中说，当人们使用这个词（奴隶——引者注）时，他们真正所指的正是我们开头所论的（we talked about in the beginning）自然奴隶。

第三，第一卷从第二章以后谈及奴隶制的各章都有直接表述，表明其所论"奴隶制"即是"自然的"奴隶制。比如第三章的主题，是在自然意义上构成城邦最基本部分——家庭的基本要素：主奴、夫妻和父子。因此，这里的主奴关系，也是自然意义上的。第四章主题则是考察自然奴隶的本性和职能，那种在本性上不属于自己而属于他人的人，就是自然的奴隶。

第四，亚里士多德运用诸如正义、有益、互利、友谊等美丽词汇所修饰的"奴隶制"，在第一卷第五章中被直接指明就是"自然的"奴隶制；而且从逻辑上这些美丽修饰也只可能适用于自然奴隶制，若用于现实奴隶制，则有违人们的历史常识。第一卷中，亚里士多德在多处对"奴隶制"进行了美好修饰，所用词汇包括"自然的"（natural）、"有益的"（beneficial）、"正义的"（just），具体表达比如"主奴存在共同利益""主奴之间是互利友好的""奴隶制不但是正义而且也是有益的"。第五章最后还说，"于是很明显，有些人是自然的自由人（natural free），有些人是自然的奴隶（slavery），对自然奴隶来说，奴隶制（natural slavery）不但是正义的而且是有益的"。自然的自由人与自然的奴隶组成的主奴关系，形成的奴隶制当然是"自然的"奴隶制。因此，这里"正义且有益的奴隶制"是指"自然的奴隶制"，直接佐证了亚里士多德所赞美的"奴隶制"，是"Natural Slavery"。

而且，亚里士多德论证"Natural Slavery"之自然、有益、正义，也是完全在自然意义上的，是从他的"自然目的论"体系出发的理路。他指出，人和人之间的理性和德性的自然差别，决定了自然主奴的区别与存在，从而证明了自然奴隶制的自然性；理性和德性差别也决定了自然主奴的"职能"（function/task）差别，自然奴隶制使得二者各自然职能和目的得以充分发挥。因此，自然奴隶制对主奴双方都是有利的，在此意义上主奴之间也就是"互利的""友好的"；既是自然又是有利的，自然奴隶制因而也是符合正义的。

但历史现实中的奴隶制，基本是基于强力和战争产生的，不是出于自然的；是奴隶主对奴隶的残酷压迫，而非对奴隶是有利的，奴隶主和奴隶之间也不可能是互利友好的。因而在人们的历史常识中，奴隶制是残暴的、血腥的、灭绝人性的，是根本不可能符合正义的。因此，亚里士多德笔下的美好"奴隶制"，只有指"自然的奴隶制"，而非现实的奴隶制，这样从历史和逻辑上才讲得通。

第五，把"Natural Slavery"认定为亚里士多德的主论对象，坚持与现实奴隶制区别开来，方可对奴隶制相关矛盾论述和冲突情况获得全面理解。

其一，在自由人和奴隶的身体特征区分方面，自然意图与现实情况的矛盾。自然有意区分奴隶和自由人的身体：让奴隶身体粗壮以便用身体劳作提供生活必需品，而自由人的身体则无助于体力劳动，却具备挺拔和其他适于政治生活的特征。但相反的情况也常常发生，有些奴隶具有自由人的灵魂，有些则具有自由人的身体。也就是说，对于主奴关系，现实中存在着与自然意图相反的情况和类型。

其二，在自由人和奴隶的德性（virtue）区分方面，自然意图与现实情况的矛盾的不一致。自然意图（Nature tends to）根据德（virtue）和恶（vice）来区分出自由人和奴隶、高贵者和卑微者，让良善者生良善者，但却做不到总是如此，现实中并非所有奴隶都是自然的奴隶，也并非所有自由人都是自然的自由人。

其三，同样是奴隶制，合乎自然的主奴关系中，主奴之间互利友好，而出于约定法和强力的奴隶制中，主奴关系情况则相反。

对以上所谓文本矛盾和冲突，只有放在自然和现实两重维度奴隶制语境下，只有将亚里士多德所主张的"奴隶制"勘定为"Natural Slavery"，方可获得通顺理解。即这种冲突的本质乃是奴隶制的自然与约定维度、理论与现实维度之间的冲突。

二、"Natural Slavery"作为理性"统治"关系而具正当性

亚里士多德把"自然目的论"体系中的"奴隶制"，表述为是"Natural Slavery"，那么这个名称下面的实质含义是什么呢？换言之，以人类高级事务——"政治"（Politics）所命名的《政治学》讨论的"Natural Slavery"，到底意欲探究人类的何种政治关系呢？深入研析《政治学》文本，可知即是人类理性主导的"统治"关系。

（一）"Natural Slavery"即是"自然统治"关系

第一，《政治学》第一次提到"自然的主奴"关系，就与"自然统治"关系是同义并列使用的。他说："具有理性预见能力的人，就是自然的统治者（ruler）和自然的主人，而以身体劳作的人就是自然的被统治者（ruled）和自然的奴隶。"这句话表明，在亚里士多德看来，自然的"主奴"关系就是以理性为主导的"统治"关系。这也说明，亚里士多德的"统治"关系论的主导

标准，乃是理性，因此其思想内核是理性主义的。

第二，亚里士多德的在随后行文中多处把"统治者"（ruler）和"主人"（master）同义并列使用，认为"Natural Slavery"中的主人，就当然也是"统治"关系中的"统治者"。比如，第六章就有两处，其一，"德性（virtue）高贵者应当做统治者或主人"；其二，"同样，很明显，人类确实存在着奴隶和主人的有益且正义的区分以及被统治者和统治者的区别，统治者事实上就是主人"。

第三，亚里士多德在第五章，通过考察灵魂与肉体、雄性和雌性关系得出"自然本性高贵者（natural superior）为统治者，自然本性处于低位的（natural inferior）为被统治者"这样一个普遍结论后，说："这个结论也普遍适用于整个人类"。然后他接着说，"如同灵魂与肉体、人与兽之间存在的高低之别一样，人们之间也存在着高低之别，那些根据其职能（function/task）充其量只能使用身体的人，就是自然的奴隶（natural slaves）"。可见亚里士多德的"natural slaves"，就是在自然目的等级体系中，处于低位的人，他们应当接受处于等级高位的主人的统治。第七章也说，"主人""统治"（rule over）的对象是自然的"奴隶"，以区别于以自然自由人为统治对象的政治家统治。因此，亚里士多德的"Natural Slavery"，也就是"自然统治"关系。

第四，第五章开始的设问，提出三个"Natural Slavery"相关问题，一是自然（by nature）本性和功能如此的人，即自然奴隶是否存在？二是这样的人成为奴隶，对他们来说是否有益并且符合正义呢？三是抑或所有奴隶制都是违背自然的呢？接着他回答说，"统治"与"被统治"不仅必然（necessary）[1]而且有益，有些人天生（from birth）就注定（mark out）做"统治者"，而其他人天生注定做"被统治者"。

这里针对"Natural Slavery"的相关问题，却借助讨论"统治关系"来回答，可见，在亚里士多德看来，"Natural Slavery"与"自然统治"关系是等同的。事实上，奴隶制作为人类社会较早的一种统治形式，在亚里士多德的时代，也是主流统治形式。囿于时代局限，亚里士多德只能把奴隶制作为当时人类社会的基本统治关系形式，作为他讨论人类"统治"关系的唯一概念和用语。

---

[1] necessary可译为"必需"，也可译为"必然"，这里译为"必然"理由有二：一是H. Rackham的希腊文、英文对照翻译本就译为 inevitable，必然的；二是亚里士多德说"有人天生注定治人，有人天生注定治于人"，因而治与被治就具有了必然性。

（二）理性是自然"统治"关系的主导标准

虽然从外在行文表述看来，亚里士多德在《政治学》中是在讨论"Natural Slavery"，但从实质内容上看，他乃是在探讨人类理性主导的"统治"关系问题。他是以"奴隶制"之名和形，行考察人类"统治"关系问题之实，提出了理性主义的"统治"关系论。

在亚里士多德的自然统治关系论中，理性是其核心标准和根本基石。它对人类"统治"关系的形成和运行都具至关重要的意义。

首先，人类形成"统治"关系要靠理性。在第二章关于"城邦起源"的探究中，亚里士多德说，"就像我们说的，自然造物都是有目的的，而人是唯一具有语言（logos）的动物。……语言能清楚地表达利害，并进而阐明正义与不义。和其他动物比较，人之独特性在于：他是唯一能对好与坏、正义与不义感知（sense）的动物。正是这些人类感知的结合才形成了家庭和城邦。"在这里，希腊词汇"logos"，可译为"原理""原则""道理""理性"等。[1]那么，"语言"就是人类理性的一种表现形式。这句话的逻辑是这样的：理性表现为语言，因而语言能表达利害、正义与不义，进而使人类具有对好与坏、正义与不正义的感知。这些感知的结合才形成了家庭和城邦，结成"统治"关系。因此，是理性让人形成了"统治"关系。

其次，人的理性差别决定其"统治"地位的差别。[2]在第二章首次论及"统治"关系时，亚里士多德就说："具有理性预见能力（capable of rational foresight）的人，就是自然的统治者（natural ruler）和自然的主人（natural master），而以身体劳作的人就是自然的被统治者（is ruled）和自然的奴隶。"人之所以分为统治者和被统治者，就是因为人们的理性存在差别。"统治者的职能（function/ task）要求他作为一个理性大匠师"，具备完善的审慎（deliberative）理性能力；"奴隶是人，也分享有（share in）理性能力"，那些自身没有理性、却能分享（share in）理性理解能力的人，就是自然的（natural）

---

[1] 亚里士多德：《政治学》，颜一、秦典华译，中国人民大学出版社2003年版，第4页、第9页。

[2] 柏拉图也认为，一个按照自然建立起来的国家，就是智慧统治的国家。智慧就是关于统治的知识。

奴隶"，也就是自然的"被统治者"。

理性之所以绝对决定着人与人的"统治"地位，根本原因还是在于灵魂各部分的关系就是如此。"灵魂包含统治部分和被统治部分，两部分有德性差别。这个德性差别是指：统治部分属于理性的部分，被统治部分则属于非理性的部分"。灵魂中，理性部分"统治"非理性部分是自然且有益的，因而人类中，也应当是理性完善的人"统治"理性不足的人。

再次，不同理性能力的"被统治者"，其被"统治"的自然方式也是根本不同的。"自由人统治奴隶、男人统治女人、父亲统治孩子的方式是各不相同的，是因为这些人灵魂各部分存在状态是不同的。深思熟虑（deliberative）的完善理性能力，在奴隶灵魂中完全缺失，在女人灵魂中存在却不占主导地位，在儿童灵魂中也存在但还处于不成熟状态。"

概言之，人对人的"统治"根本上乃是理性的"统治"。因此，亚里士多德的自然"统治"关系论本质上是理性主义的；所谓"自然性"，即是指"理性"。自然的"统治"关系，就是以理性为主导权威和根本标准的"统治"关系。

三、作为正当"统治"关系的"Natural Slavery"近似现代管理分工关系

其实，若对"Natural Slavery"具体内涵深入探析，则可以发现与其基本同义的"自然统治（rule）"关系，作为中心词的所谓"统治"（rule），在语义上更接近今天的"管理"（rule）一词，而非现代意义上的以"强力"为基础的"统治"。若全面深入分析亚里士多德的这个理性主义"统治"关系论，就可以发现，亚里士多德所赞成的"互利友好而正义的"的"Natural Slavery"，在当今语境下，更符合于现代政治社会领域中的管理分工关系。

（一）亚里士多德理性主义"统治"关系论的基本内涵

《政治学》第一卷集中论证和阐释了亚里士多德的"Natural Slavery"理论，也即他的理性主义统治关系论。概括起来，其包含如下内容。

第一，人统治人的"统治"关系是永恒存在的。人类为什么存在"统治"关系呢？第五章开始就回答说："世上存在统治与被统治的统治关系，不仅必然（necessary），而且有益"，然后从逻辑推理和事实观察两个角度予以了论证。

首先，一切生命物都存在"统治"元素（ruling element）与"被统治"元素（subject element），人类当然也不例外。这里他从普遍到特殊、从抽象到具体，运用了一个演绎推理的论证方法。亚里士多德先提出一个普遍命题说，"一切组合成整体的部分之间，无论是连续的还是不连续的，都必然有统治和被统治地位差别的存在"。这个命题的普遍性表现为，它不但适用于生命物中，在无生命物中也同样适用，比如乐曲。为什么在生命物中普遍如此？因为这个特性是由自然整体赋予的（an outcome of the whole nature），所以一切在自然状态中的（whose condition is natural）自然物，都具有如此自然特性。因此，从自然意义上说，属于自然之一部分的人类，当然也必然存在"统治"关系。

其次，观察灵魂和肉体、理智与情欲、人类与动物、雄性和雌性的关系，归纳得出"高贵者统治低微者是自然且有益"的结论。[1]这一结论"也普遍适用于所有人类"，因为人与人之间也存在诸如灵与肉、人与兽类似的高低之别。[2]因此，自然本性高贵的人（natural superior）也应当"统治"自然本性低微的人（natural inferior），人对人的"统治"关系必然存在。

那么，人对人的"统治"关系是否是永恒的呢？亚氏持肯定意见。他从"统治"关系存在的原因来论，其一，自然是永恒的，"生命物中都存在统治与被统治关系"的自然法则也是永恒运行的。其二，人与人之间的自然本性也永恒存在高低之别，因为自然赋予了每个人不同的职能（function/task），而每个人的自然本性（德性和理性）与各自职能相适应；自然职能永恒差异，自然本性永恒存在高低之别。总之，自然的永恒，决定了人对人的"统治"关系是永恒存在。

第二，人对人的"统治"根本上是理性的"统治"。所以，实质说来，人类社会的"统治"关系中，谁的理性能力强，谁就能、也应该担当"统治者"

---

[1] 德性高贵者应当"统治"德性低位者，也为柏拉图和孟子所赞同。柏拉图认为，天性优秀者，即德性高贵者应当"统治"天性低劣者。孟子也说："天下有道，小德役大德，小贤役大贤；天下无道，小役大，弱役强。斯二者，天也。顺天者存，逆天者亡。"《孟子·离娄章句上》

[2] 指在理性和德性上的差别，人与人的理性和德性之别。在亚里士多德看来，人的理性之别也就是人的德性之别，都与各人需履行（perform）的自然职能（task/function）相适应和匹配。

和领导者。具备完善的理性"审慎"（deliberative）能力，是"统治者"的根本特质。[1]

第三，有些人天生就是"统治者"，有些人天生就是"被统治者"。亚里士多德认为，谁该做"统治者"，谁该做"被统治者"，是基于每个人的自然本性（即理性能力，capable of rational foresight and deliberative）和自然职能（function/ task），是自然所赋予和自然秩序所决定的，是天生的，因而是不能改变的。

第四，在"统治"关系中，"统治者"和被"统治者"是共利的、友好的。《政治学》的直接相关表述有"主人和奴隶具有共同的利益"；"对自然奴隶来说，奴隶制（slavery）不但是正义的而且是有益的"；"自然奴隶做奴隶和被统治者，自然自由人自然地该做主人和统治者，这不但是正义的，而且也是有益的"。所以，"这种主奴（即自然的统治者与被统治者）之间确实是互利友好的关系"。

第五，"统治者"与"被统治者"是一种主次关系和主从关系。第五章说，"统治"元素与"被统治"元素在事物中普遍存在，生命物中如此，无生命物中也是如此，如乐曲中的主旋律和辅曲。这里以"乐曲"例证，直观表明事物中普遍存在的"统治"元素和"被统治"元素的关系，就是主要和次要、主导和辅佐的关系。[2]

第六，"统治"关系是一种主体—工具关系。第四章在考察自然奴隶的自然本性和职能时，开始先讨论了"主体—工具"关系。他以航海为例，把船长作为主体，船长的工具为两种：一是有生命的工具——瞭望者；二是无生命的工具——船舵。瞭望员是人（human being），为什么也是工具呢？在技艺相关领域中，于实现目标和任务的主体而言，辅佐者都是相对意义上的"工具"。这个"工具"称谓，是相对性的关系称谓，正是在这个关系意义上，工具完全归属于主体"所有"。这个关系性称谓和关系性归属，为下面把"奴隶"这类人定义为"工具"，并完全归属主人"所有"做铺垫。以航海中的"主体—工具"关系，来阐释家庭管理中的"主体—工具"关系，即"主人和奴隶"

---

[1] "明智"和"审慎"在古希腊文中同根同义。参见，程志敏：《宫墙之门——柏拉图政治哲学发凡》，华夏出版社 2005 年版，第 184 页。

[2] 吴寿彭先生在翻译乐曲中的这种关系时，就译为"主导和辅佐"。参见，亚里士多德：《政治学》，吴寿彭译，商务印书馆 1965 年版，第 14 页。

的关系。"主奴"关系中,"主人"为主体,相对的,"奴隶"是有生命的完全归属主人"所有"的实践工具。

第七,"统治"关系是一种命令—执行关系。那么"奴隶"作为工具的"实践(action)"作何理解呢?参考第七章关于做"主人"的知识和做"奴隶"的知识可以理解。亚里士多德首先认为,如何做"奴隶"的知识和如何做"主人"的知识确实存在。"奴隶"根据各自自然职能(function/ task)高低决定的工作事务不同,需要的知识也是不同的,但都是去直接行动实践(action)的知识。做"主人"的知识,就是如何使用"奴隶"的技艺,即如何发布能让"奴隶"清晰明白怎样去做的命令。所以,"奴隶"或"被统治者"的实践事务,就是直接执行和实现"主人"或统治者的命令。[1]故而,"统治者"与"被统治者"的统治关系也是一种命令—执行关系。

第八,"统治"关系也是一种脑力—体力劳动关系。《政治学》开始就说,"具有理性预见能力的人,就是自然(natural)的统治者和自然的主人,而以身体劳作的人就是自然(natural)的统治者和自然的奴隶"。亚里士多德明确地以脑力和体力劳动差别,来作为划分"统治者"与"被统治者"的标准。因此,自然也意图赋予二者差异的身体特征:自然"奴隶"(被统治者)身体粗壮适于从事劳作,自然的"自由人"(被统治者)身体挺拔适于从事政治生活。

第九,"统治"方式从形式上看,包括"政治家的统治"(the rule of statesman)和"君主式统治"(the rule of king)两种方式。第十二章详细阐述了这两种"统治"方式特征及其区别。政治家的统治方式中,统治者与被统治者在自然本性上平等自由,实行轮番而治;君主的统治中,统治者根据被统治者的尊敬、自身的年长(代表的丰富人世阅历)以及对被统治者的爱,进行一人的权威统治,统治者本性上优于被统治者。

---

[1] 颜一、秦典华先生在翻译此章时,也把奴隶的职能译为"执行"。"奴隶乃是实践的执行者",参见,亚里士多德:《政治学》,颜一、秦典华译,中国人民大学出版社2003年版,第7页。

(二)自然"统治"关系契合现代社会的管理分工关系

对亚里士多德自然"统治"关系论若不拘泥于文字而深入其内容,那么从某种意义上可以说,亚里士多德所谓的自然(理性)"统治"关系其实是一种理性的社会分工关系。他所论证的"统治"正当,即是在证成"管理"关系的自然正当性。因为这种自然"统治"关系的主要特征与现代管理分工关系非常契合。

第一,前述理性主义"统治"关系之主次关系、主从关系、主体—工具关系、命令—执行关系等四个层次,表明这种"统治"关系是一种分工关系。这种主次、主从、主体—工具和命令—执行关系,非常类似现代社会管理者和被管理者的分工关系。对社会存续发展起主导作用的管理者谋划和发出指令,被管理者则服从、落实和执行,各种社会角色各司其职,各担其责,共同促进社会持续良性发展。这种分工,是由人类社会事务和实践必然存在"意志决策—行动执行"的结构所决定的。任何人类社会都必然存在着这种分工关系,因此,任何人类社会都必然存在亚里士多德所谓的"统治"关系。

第二,理性主义"统治"关系各主体间存在"共同利益"和"平等友爱"的特征,表明这是一种社会分工关系。历史现实中以暴力和强力为基础的统治关系,明显不具备这些"互利友爱"的美好特征,这只可能存在于社会分工关系中。社会分工关系中,人与人的差别或不平等,仅限于从事事务的职业差别,但其基本人格是平等的——都是人。亚里士多德也认为,作为"统治"关系基本主体的"主人"与"奴隶",也都是平等的,都属于人(human)。在《尼各马可伦理学》中,亚里士多德指出,"主人"和"奴隶"存在良好友谊的基础,在于"他们都是人"。"对作为奴隶的奴隶不可能有友爱。然而,对作为人的奴隶则可能有。因为,一个人同每个能够参与法律和契约过程的人的关系中都似乎有着某种公正。因此,同每个人都可能有友爱,只要他是一个人。"[1]

人类社会各职业之间是互补协调和互惠互利的,最终目标是相同的,因此根本利益是一致的。这样,在平等人格上的分工关系之下,人们才存在着共同的基本利益——社会持续存在和良性发展,才可能互惠互利、互爱友好。

---

[1] 参见,亚里士多德:《尼各马可伦理学》,廖申白译注,商务印书馆2003年版,250-251页;以及亚里士多德:《政治学》,吴寿彭译,商务印书馆1965年版,第19页。

所以，自然"统治"地位不同，仅是社会分工的不同，并不意味着强力的差别甚至压迫。因此，亚里士多德才会说：合乎自然的主奴关系中，主奴之间互利友好，而出于约定法和强力的奴隶制中，主奴关系情况则相反。

第三，理性主义的"统治"关系中，每个人的"统治"地位差异，来源于人的自然本性的差异。自然赋予每个人的天性（natural quality）不同，那么每个人的自然职能（function/task）也是不同。根据各自的天性和职能，人们就相应居于不同的统治地位。也可以说是，居于不同的统治地位，承担不同的职能和分工。所以这种"统治"关系中的分工，就是一种自然性的社会分工。

人们这种自然本性和职能分工的多样化差异，在亚里士多德看来，正是城邦（政治社会）永葆生机活力和发展动力的根源。《政治学》第二卷第二章在讨论城邦的自然本性应该是高度一致的（unity），还是其由多样化差异部分所构成的（a city-state naturally consists of a certain multitude）时，亚里士多德认为，整齐划一必然使城邦毁灭，而组成部分的多样化则使得各部分互惠互利。而互惠原则正是城邦的生存基础（reciprocal equality preserves city-states, ），多样化差异（multitude）才能保存城邦、延续城邦，使城邦充满生机与活力。[1] 所以，亚里士多德思想中的社会分工（职能不同）法则，是一个自然法则。

第四，亚里士多德用来说明"统治"关系的例证，直接表明其所谓"统治"关系就是管理分工关系。比如第五章说万事万物普遍存在着"统治元素"（ruling element）与"被统治元素"（subject element），比如乐曲中的主旋律和辅曲，而这就是这种"统治"（rule）关系。这里的"rule"，若从现代观念出发理解为"以暴力和强力为基础"的统治，明显不合适，但理解为一种主导与辅配的管理分工则更具解释力。同样，还有第四章中航海关系的例子，其中"统治"关系包括船长与瞭望者、船长与船舵的关系，这里的"统治"恐怕也不能理解为强力统治，而是航海事务中的分工和管理关系更为合理。

四、"Natural Slavery"之正当性的现代挑战与发展

理性主义是亚里士多德"Natural Slavery"学说的主要特征，理性主义政

---

[1] 亚里士多德：《尼各马可伦理学》，廖申白译注，商务印书馆2003年版，第141-148页、第257-260页。

治思潮也由此开启，并且深刻影响西方政治哲学的发展，特别是直到近现代以来的政治思想。

（一）理性至上与人人平等：现代政治思想对亚里士多德的扬弃

启蒙以来的现代政治思想与亚里士多德可谓一脉相承，推崇理性，倡导理性至上，在政治事务领域竭力排除情感、冲动、偏见等非理性因素，以理性宏观谋划和运筹帷幄人类政治事务，依照理性化的法律定分止争、治理国家。理性主义正是现代政治的主导标准和根本特征。

具体而论，首先"理性化"正是现代启蒙思想家所努力推进的"启蒙"之实质。康德在《答复这个问题：什么是启蒙运动？》一文中就说，"启蒙运动就是人类脱离自己所加之于自己的不成熟状态，不成熟状态就是不经别人的引导，就对运用自己的理智无能为力。当其原因不在于缺乏理智，而在于不经别人的引导就缺乏勇气与决心去加以运用时，那么这种不成熟状态就是自己所加之于自己的了。Sapere aude!（译注：要敢于认识）要有勇气运用你自己的理智！这就是启蒙运动的口号。"[1] 康德这里提出的"启蒙运动就是勇于运用自己的理性"。

自启蒙运动以来，西方政治哲人就一直孜孜以求构建一个宏大的现代理性体系。他们不断宣扬人类的理性解放，并将以"试验"为基础的自然科学方法视作为唯一可靠的获知来源；从而否定了宗教启示的权威，否定神学经典，否定传统和一切来自非理性的先验的知识形式。[2] 人类的理性不仅可以发现蕴含着现代"绝对真理"的普遍规则，而且可以通过逻辑将其发展成为一个完善的普遍的规则体系。在伏尔泰看来，这场"未竟的现代性事业"无限美好，它被设计为自由、平等的乐园；在康德那里，"科学—道德—艺术"（认知工具理性—道德实践理性—艺术表达理性）共同筑起现代性的主体理性大厦。

正因为此，韦伯、福柯、哈贝马斯等思想家给出诊断：现代社会就是一个理性统治的社会。在韦伯看来，我们所处的现代性时代，基本特征就是理性，现代社会就是一个日益理性化的社会。他在《以学术为业》的演讲中说：

---

[1] 康德：《历史理性批判文集》，何兆武译，商务印书馆1990年版，第23页。
[2] 伯林：《反潮流：观念史论文集》，冯克利译，译林出版社2002年版，第1页。

我们这个时代，世界已被除魅，所独有的特征就是理性化和理智化。[1]理性是现代社会的唯一权威。恩格斯一言蔽之："一切都必须在理性的法庭面前为自己的存在作辩护或者放弃存在的权利。"[2]

现代政治思想继承了亚里士多德的"理性至上"理念，共同张扬理性，推崇理性，二者同属于政治思潮的理性主义之流。这个理性主义观念在亚里士多德的法治思想中萌芽，终在现代法治国家里得以变为现实，理性主义统治也成为现代统治唯一"正确或正当"（right）的方式。[3]

但对亚里士多德，现代政治思想的最大修正，就是用"人人平等"观念对其进行了根本扬弃。亚里士多德认为，谁做统治者，谁做被统治者的分工，是基于每个人的自然本性，实质即是理性能力（capable of rational foresight and deliberative）和相应的自然职能（natural function），是自然所赋予和自然秩序所决定的，是天生的，因而是不能改变的。而现代政治思想奠基者坚持现代性平等观，将"人人生而平等自由"作为现代政治的前提和基础。在霍布斯看来，在自然状态下人人就是自由平等的。[4]洛克断言：人类天生都是自由、平等和独立的。[5]卢梭同样认为"人是生而自由的"[6]。

从"人人生而平等"的前提出发，现代人相信，统治关系和地位是人为的、可以改变的，并非自然或者是天性（by nature）决定的。人人皆有资格做统治者，而统治者是由平等的人依据民主程序自由选举出来的。选举权和被选举权是每个人的基本政治权利，每个人皆有可能被选举为统治者。这就是现代

---

[1] 韦伯：《学术与政治：韦伯的两篇演说》，冯克利译，生活·读书·新知三联书店2005年版，第48-49页。

[2] 《反杜林论》//中共中央马克思恩格斯列宁斯大林著作编译局：《马克思恩格斯选集 第三卷》，人民出版社2012年版，第391页。

[3] 列奥·施特劳斯看来，"natural right"含义曾发生了深刻的古今之变：古代的自然正确或自然正当之意，在现代则被自然权利所取代，成为现代政治的正当性标准。参见，列奥·施特劳斯：《自然权利与历史》，彭刚译，生活·读书·新知三联书店2003年，第11页。所以，权利和理性一并成为现代政治的两大根基。

[4] 霍布斯：《利维坦》，黎思复、黎廷弼译，杨昌裕校，商务印书馆1985年版，第92-97页。

[5] 洛克：《政府论》（下篇），叶启芳、瞿菊农译，商务印书馆1964年版，第59页。

[6] 卢梭：《社会契约论》，何兆武译，商务印书馆1963年版，第6页。

民主政治，它非常类似于亚氏所谓的"政治家的统治"（rule of statesman），是平等自由的人们轮番而治。

因此，有必要运用"平等"理念扬弃亚里士多德的"Natural Slavery"学说，将政治和社会各领域的职位和关系视为是"自由开放的"、对每个人"机会均等"。这样才能更符合现代文明观念。

这种依循现代文明观念的"扬弃"不仅不违背亚里士多德的理性主义理念，甚至是对理性主义政治理念的深入运用和发展。

在亚里士多德看来，只要具备充分完全的理性能力，具体来说就是高瞻远瞩的理性预见能力和深思熟虑的审慎行事能力（capable of rational foresight and deliberative），就可以作"ruler"或"master"。

亚里士多德的局限性在于，他囿于自己"理性差异天生不可更改"的窠臼，而认为人之政治社会地位被先天决定，不可更改。这正是他被后世批判为"天性禀赋论的种族主义者"的主要根源。而人类历史的发展实践表明，人的理性能力在先天差异基础上，是能够经过后天努力和学习得以提升的。[1]因此，有的人虽先天理性能力不足，但经后天的努力，习得了充分的理性远见和深思熟虑能力，那么依据亚里士多德的理性标准，当然可以作"统治者"或"管理者"（ruler）。

其实，这个"悖论"问题也为亚里士多德所注意，但却被他视为一种例外现象——"有些奴隶具有自由人的身体，有些奴隶具有自由人的灵魂"。这即是说，自然意义上的"被统治者和被管理者"，却具备统治和管理的能力。在现代民主政治中，这种所谓例外已是普遍的正常现象。

在现代社会，被亚里士多德认为是自然意义上的"被统治者"和被管理者（ruled），如女性、体力劳动者和年轻人等所谓理性不充足者，经过后天环境和条件的培养，都能够获得卓越的统治能力，成为社会和政治领域的精英（ruler）。因而，"统治者"和"被统治者"的政治地位和社会分工是可以人为

---

[1] 其实即使在亚里士多德那里，人之理性差异也并非绝对不存在改变可能的。某些人的理性不足，很大原因在于客观条件限制了其理性培育和发展空间。这意味着若具备了充分的发展条件——良好的"土壤"，人的理性种子也会茁壮成长，理性能力也可能得以后天提升。参见，毛立云：《自然奴隶：磐石之上的种子——亚里士多德自然奴隶学说的哲学解读》，《上海交通大学学报（哲学社会科学版）》，2015年第5期。

地改变的,并非永恒不变。

总之,现代政治文明对亚里士多德"Natural Slavery"学说的扬弃,既坚持和发展了其理性主义内核,又确定了政治和社会地位对所有人"平等开放""机会均等"的原则,以理性能力这把唯一标尺公平地衡量所有人,是巨大的历史进步。

然而,在"如何理解平等"这个问题上,近代以来的政治理论与实践曾经历严重曲折,留下深刻教训。庸俗的民主平等论者,机械地理解"平等",崇信民粹,仅仅根据出身底层的身份,而罔论其理性管理能力,将一些人推上"管理者",甚至是政党和国家的"治理者"(ruler)位置。这些人可谓"朝为田舍郎,暮登天子堂",其结果却是酿成了重大政治悲剧,对其本人、所管理团体、政党乃至整个国家都造成极大危害。经过了这些曲折,亚里士多德"理性能力决定政治地位"的千年教诲,对当代人类政治发展无疑极具警示意义。

(二)社会分工与人的异化:马克思主义的批判与超越

现代政治理论发展到马克思主义,亚里士多德证成"统治"和"分工"之正当性的"Natural Slavery"学说又发生了根本性的颠覆。

首先,在政治统治理论领域,马克思主义不仅否认"统治地位由自然天性决定",而且也否定"统治关系永恒存在"。马克思主义认为,阶级、国家和法律必将消亡,因此未来的共产主义社会将不存在统治关系,共产主义革命则反对活动的旧有性质,消灭劳动,并消灭任何阶级的统治以及这些阶级本身,取而代之的是在这样的联合体中,"每个人的自由发展是一切人的自由发展的条件"[1]。所以统治关系并非永恒的。

其次,与亚里士多德类似,一些马克思主义者在论其所倡导的统治关系时,也将其视为是一种"分工"。他们认为,社会主义的"统治者"和"被统治者",就只是分工的不同。然而,亚里士多德认为,"统治者"和"被统治者"存在共同利益,是互利友好的关系;但马克思主义认为,统治阶级和被统治阶级是一种对抗性斗争关系,阶级斗争是推动社会发展的直接动力。马克思、

---

[1]《共产党宣言》//中共中央马克思恩格斯列宁斯大林著作编译局:《马克思恩格斯选集 第一卷》,人民出版社2012年版,第422页。

恩格斯在马克思主义经典文献《共产党宣言》中指出，"至今一切社会的历史都是阶级斗争的历史。自由民和奴隶、贵族和平民、领主和农奴，行会师傅和帮工，一句话，压迫者和被压迫者，始终处于相互对立的地位。"[1]"我们已经看到，至今的一切社会都是建立在压迫阶级和被压迫阶级的对立之上的。"[2]

再次，相较于亚里士多德对分工的肯定态度，马克思主义则从根本上批判"劳动分工"，并将其视为导致"人之异化"的一个根源。马克思认为，资本主义条件下社会分工极端精细化，人被作为原子式个体束缚在具体分工的细微领域，"在精神上和肉体上被贬低为机器，随着人变成抽象的活动和胃"[3]。分工是类活动的人的活动的这种异化的和外化的形式。[4]在社会分工体系中，形成了不同的社会生产部门，各个人就限定其中，由此人的劳动活动也形成了相应的分配体系。这种劳动活动的分配体系，本质是不公平的分配，因为它是基于人的能力、技艺、智识等劳动要素的自然差异，并不是出于人的自由意志。马克思这里"社会分工基于自然差异"的观点与亚里士多德高度类似，但二者态度却是截然相反。马克思看来，这种劳动活动的不公平分配必然导致劳动产品的不公平分配。劳动产品分配的不公平愈演愈烈，就产生了私有制。在此意义上，分工和私有制的所指基本等同。[5]而后，分工造成私人利益与公共利益之间的深刻矛盾[6]；产生城乡差别与对立。马克思、恩格斯说："城乡之间的对立是个人屈从于分工、屈从于他被迫从事的某种活动的最鲜明反映，这种屈从把一部分人变为受局限的城市动物，把另一部分

---

[1]《共产党宣言》//中共中央马克思恩格斯列宁斯大林著作编译局：《马克思恩格斯选集　第一卷》，人民出版社2012年版，第400页。

[2]《共产党宣言》//中共中央马克思恩格斯列宁斯大林著作编译局：《马克思恩格斯选集　第一卷》，人民出版社2012年版，第412页。

[3]《1844年经济学哲学手稿》//中共中央马克思恩格斯列宁斯大林著作编译局：《马克思恩格斯文集．第一卷》，人民出版社2009年版，第120页。

[4]《1844年经济学哲学手稿》//中共中央马克思恩格斯列宁斯大林著作编译局：《马克思恩格斯文集．第一卷》，人民出版社2009年版，第237页。

[5]《德意志意识形态》//中共中央马克思恩格斯列宁斯大林著作编译局：《马克思恩格斯选集　第一卷》，人民出版社2012年版，第163页。

[6]《德意志意识形态》//中共中央马克思恩格斯列宁斯大林著作编译局：《马克思恩格斯选集　第一卷》，人民出版社2012年版，第163页。

人变为受局限的乡村动物，并且每天都重新产生二者利益之间的对立。"[1]

马克思批判分工的基本逻辑就是，人类社会自产生分工起，就产生了私有制，造成"物象化"现象，从而导致"人之异化"。马克思控诉分工与"物象化"说，"社会活动的这种固定化，我们本身的产物聚合为一种统治我们、不受我们控制、使我们的愿望不能实现并使我们的打算落空的物质力量，这是迄今为止历史发展中的主要因素之一。受分工制约的不同个人的共同活动产生了一种社会力量，即成倍增长的生产力。因为共同活动本身不是自愿地而是自然形成的，所以这种社会力量在这些个人看来就不是他们自身的联合力量，而是某种异己的、在他们之外的强制力量。关于这种力量的起源和发展趋向，他们一点也不了解；因而他们不再能驾驭这种力量，相反，这种力量现在却经历着一系列独特的、不仅不依赖于人们的意志和行为反而支配着人们的意志和行为的发展阶段"[2]。

（三）人工智能的未来："Natural Slavery"失去存在基础而消亡？

"Natural Slavery"或者人类社会的分工关系有没有可能消亡呢？

虽然亚里士多德指出，"Natural Slavery"是自然的、永恒的，然而他同时也认为这个论断是存在前提条件的。这个前提条件就是"自然奴隶"或"自然被统治者"的存在。如果"自然奴隶"或"自然被统治者"不存在了，那么也就意味着"Natural Slavery"的消亡。

其实，人之理性差异并不完全是天生而绝对不可改变的。所谓理性不足的自然"奴隶"或自然"被统治者"的形成和存在，在一定意义上也是历史客观条件限制的产物，不全是由自然本性所决定的。他们具有两个基本特征：一是人格不独立、不自主，在本性上不属于自己而属于他人的人，就是自然的奴隶；二是理性存在不足仅能感知别人的理性，缺乏理性审辨能力

---

[1]《德意志意识形态》//中共中央马克思恩格斯列宁斯大林著作编译局：《马克思恩格斯选集　第一卷》，人民出版社2012年版，第184-185页。

[2]《德意志意识形态》//中共中央马克思恩格斯列宁斯大林著作编译局：《马克思恩格斯选集　第一卷》，人民出版社2012年版，第165页。

(deliberative faculty)。[1]所以，他们才需要别人的理性指导和管理。但其实他们并非毫无理性能力，至少具备理论推理能力和实践理性的潜能，只是缺乏现实的实践理性能力。质言之，他们有理性种子，只是缺乏理性成长完善的土壤。[2]这个土壤就是"广泛充分参与城邦政治生活"，城邦生活才是人发展和实现理性能力的最主要场域。[3]然而，城邦若得存续下去，必定需要有一部分人从事粗鄙（vulgar）劳动，来为城邦生活提供生存基础；而参与城邦政治和提升德性必须有充分的闲暇，也注定一部分人必须从事粗贱劳动来为另一部分人提供充足的闲暇。所谓自然的"奴隶"，就是由这种自然客观条件和城邦客观需要所决定的"不得不"接受管理和指导从事粗鄙劳动的人。总之，"Natural Slave"是为成就人之卓越德性而付出的必要牺牲，"Natural Slavery"则是为成就"人之最高最广的善"而不得已的"奴役"。

因此，如果消灭了那些束缚人之全面发展的局限，也就消灭了"Natural Slavery"。即使那些理性不足的人（Natural Slave），一旦具备发展自己理性潜能的土壤，亦会成为健全的理性自由人。什么条件下，这样的情况才会发生呢？

亚里士多德明确指出，倘使所有工具都能按照人的意志和命令而自动完成工作，倘使每一个梭子都能不假手于人力而自动地织布，每一琴拨都能自动地弹弦，倘使我们具备了这样的条件，也只有在这种情况下，大匠师才不需要助手，masters 也不再需要 slaves。这是说，当生产工具完全实现自动化，人因此从繁重的生产劳动中完全解放出来时，这世间就再不需要亚里士多德意义上的 slaves，也不会存在这种 slaves，那"Natural Slavery"亦即告消亡。

马克思主义对社会管理和劳动分工关系，坚定主张予以"彻底消灭"。唯如此，人才能消灭"异化"和私有制，才能彻底获得解放和自由。因为完全

---

[1] 这种理性审辨能力，正是一个人理性选择行动路线来实现自然德性的能力，对人达到"卓越"至为关键。参见，迈克尔·奥克肖特：《政治思想史》，特里·纳尔丁、卢克·奥沙利文编，秦传安译，上海财经大学出版社 2012 年版，第 80-81 页。

[2] 毛立云：《自然奴隶：磐石之上的种子——亚里士多德自然奴隶学说的哲学解读》，《上海交通大学学报（哲学社会科学版）》，2015 年第 5 期。

[3] 正是在此意义上，亚里士多德才称赞说，最先设想和缔造城邦的人，最应该受到后世敬仰，他们的功德是对人间莫大的恩惠。参见，亚里士多德：《政治学》，吴寿彭译，商务印书馆 1965 年版，第 9 页。

自由的社会，是必然不存在固定的分工关系。"在共产主义社会里，任何人都没有特殊的活动范围，而是都可以在任何部门内发展，社会调节着整个生产，因而使我有可能随自己的兴趣今天干这事，明天干那事，上午打猎，下午捕鱼，傍晚从事畜牧，晚饭后从事批判，这样就不会使我老是一个猎人、渔夫、牧人或批判者。"[1] 不过与亚里士多德类似，马克思主义也认为，社会分工及其"异化"是人类社会发展的必然阶段，是社会进步的必要牺牲和代价，其消亡也需要生产技术高度发达到将人从工具操作者地位中解放出来作为基础条件。

当前，人类社会正步入人工智能时代。人工智能自动化技术方兴未艾，正在人类生产各个领域逐渐铺展，并日趋成熟。军队作战越来越依赖无人机与其他无人作战平台，工业机器人在生产线普遍应用，自动驾驶技术、超级自动医学诊断软件开始推广，甚至机器人快递员已经投入使用，人工智能还能自动生成和创作文艺作品。这些情景与亚里士多德"生产工具完全能按照人的意志和命令自动完成工作，而无需人力操作"的千年设想已经非常相似。展望未来，社会资料的生产工作很有可能会被人工智能所完全取代，而人类则从粗鄙的体力劳动中彻底解放出来，所需要从事的生产活动，就是发号施令和监督管理。这正是"Natural Slavery"下"master"和"ruler"的工作。这意味着"Natural Slaves"可能会被人工智能完全取代。"在未来，机器与人的关系很有可能会上演又一次主奴辩证法的循环。"[2] 这样所有人都成了"master"和"ruler"，都拥有充分闲暇，自由参与政治治理活动，提升德性。所有人也就不再被局限于某个特殊领域，而是可以自由选择活动方式。

综上，人工智能技术这一重大突破，很可能开创人类文明的一个全新时代。在那个时代，似乎束缚人之自由发展的"Natural Slavery"可能会走向消亡。但细思也不尽然，即使人工智能取代了人去完成粗重劳动，但不意味着人之理性差异的消失。只要人还存着理性差异，那么人对人的"统治"就仍具有正当性，仍具有存在的基础。

---

[1]《德意志意识形态》// 中共中央马克思恩格斯列宁斯大林著作编译局：《马克思恩格斯选集 第一卷》，人民出版社2012年版，第165页。

[2] 高奇琦、李欢：《主奴辩证法与相互承认：试论人工智能战胜人类的可能性》，《理论探讨》，2017年第6期。

五、结语

对于古人观点的认识,需要回到古人语境下作"同情式理解",而非以今人观念厉责古人。深入《政治学》的文本语境,可知亚里士多德所念兹在兹的"奴隶制"是自然目的论层面上的"Natural Slavery";以"奴隶制辩护者"之恶名强加亚里士多德并大加挞伐是重大误解。作为"Natural Slavery"中心词的"统治"(rule)作现代理解,就是广泛存在于政治和社会领域的"管理"(rule);所谓互利友好而正义的"Natural Slavery"可以理解为社会管理关系中"管理者与被管理者"的分工关系。

这种人对人的"统治"何以正当?因为基于理性差异的"统治",是理性的,而非强制和暴力的,所以它是正当的。中国的儒家也主张这种人之差异决定下的统治正当论,只是这种差异主要是"德性"差异。如孟子所言:"天下有道,小德役大德,小贤役大贤;天下无道,小役大,弱役强。斯二者,天也。顺天者昌,逆天者亡。"(《孟子·离娄上》)马克思主义异化论对"分工"的深刻批判启示我们,亚里士多德的"Natural Slavery"必将走向消亡。当前人工智能的快速发展,似乎为"Natural Slavery"走向消亡提供了积极条件,但仍远远不够。人对人的"统治"在可预计的将来,仍旧具有正当性。

第三章
中国法治源头：儒家义务对等型法正义思想释解

儒家法思想是将推动人与人关系的正义作为其终极追求的，因而具有独特的体系化法正义思想。它以"五伦"宗法关系为主干，依据"名分相称"的公平原则，运用"礼法"在各社会主体间对等分配宗法义务——"十德"，意欲塑造一个"义务对等"型正义社会。然而在"儒表法里"的政治体制下，名义上为立法主导思想的"义务对等"型儒家法正义，被实际主导现实立法的法家"权力中心主义"所扭曲而发生异化，形成了"义务本位"的不公正传统法治。理论在现实中的扭曲异化虽不能否定儒家法正义论的自洽存在，但警示儒家不可忽视"民主共和政体"对法正义实现的前提意义。因此，"民主共和"的国家政体下，人民牢牢掌控立法权和社会各阶层充分参与立法，是法正义充分实现的前提条件。

长期以来，主流法学理论往往将我国以儒家法思想为指导思想的传统法，概括为"义务本位"型传统法。详言之，我国传统法以规定被统治者的义务为主要内容，并附以残暴的刑罚手段来保障这种义务的履行。它违反了权利义务的公平分配原则及人道原则，因而是不正义的法。由此进一步得出结论，儒家法思想是"义务本位"型的，亦是不公平、不正义的法思想，不存在法正义论，只是代表并维护封建统治阶级利益的法律学说。

认定我国传统法为"义务本位"型法并斥为"残暴不义"之法的观点，具有一定的文本依据，似乎无可置疑，但仍存在"以今人观念苟责古人"之嫌。如若以此推定作为指导思想的儒家法思想，也是"义务本位"的、"毫无公平正义"可言，就存在理论上的"武断"。但它至今仍主导着法理学界对待儒家法思想的认识和态度，遮蔽了儒家法思想中蕴含的巨大理论价值。因而为进一步研究借鉴儒家法思想来推动现代法理学的完善，有必要廓清这个法学理论问题：儒家法思想是否包含有"法正义"思想？其中，首先要解决的一个前提问题是，儒家思想中有正义论吗？或者说正义在儒家思想中处何位置？

一、人与人关系的正义：儒家法正义论的终极关怀

众所周知，儒家是较早以人为中心、以人与人的关系为中心的古代思想学说。对人、人事的关注，始终是儒家思想的全部主题。儒家的仁学就是以人为本位的学说，"仁者，人也"。俞荣根教授就认为："在中华民族文化发展史上，仁的思想有着突出的地位。孔子，则是仁学思想体系的创始人……

仁——我国古代关于人的学说。"[1]其实在孔子生活的春秋末期,"重人""贵人"的思想观念开始兴起。社会舆论对非人道的人祭、人殉的普遍谴责,以及公元前384年秦献公颁布"止从死"法令,以法律形式对该行为的禁止(《史记·秦本纪》),表明人们对人神关系的认识发展到了一个新的高度——由神为主转变为以人为主。社会发现了人,人发现了自身的价值,表明了当时"人的解放已成为时代的趋势,而人的地位和价值的每一步提高……一个人文思想勃兴的灿烂时代开始了"[2]。

孔子顺势而动,创立了专注人与人关系的仁学——儒学。《礼记·中庸》曰:仁者,人也。儒家思想中作为五德之首的"仁",乃是一个人与人的关系概念,本身就内涵有他人以及人我关系的维度,恰构成了儒家伦理的基础。这与西方现代政治学说以"自我"为中心、以"单个人"为出发点的特征形成鲜明对比,儒家思考和建构其政治学说的着眼点是"偶数人的关系",其中心单位乃是"群"这种政治性组织和结构。所以,儒学实为"人与人关系"的世俗政治学说。

作为儒家核心价值的"仁",本质乃是其所追求的人与人关系的一种"正义"状态,或者说是实现人我关系正义的基本准则和最高原则。因此可以说,实现人与人关系的正义,才是儒家思想的终极追求。

为落实这个正义目的原则,儒家法思想才形成了"义务对等"型的法正义论。

二、人与人"义务对等":儒家法正义的构建

儒家为塑造一个正义社会,将古代社会结构抽象概括为"五伦"宗法关系,并以"五对"社会主体为主干,编织"礼法"之网来对等分配相应德性义务,从而形成了自己的"法正义"思想。

(一)儒家法正义论的主体结构:"五伦"宗法关系

儒家法思想中的"法",最核心的初始含义即为"宗法"——"宗族伦理法"。

---

[1] 俞荣根:《儒家法思想通论》,广西人民出版社1992年版,第202页。
[2] 俞荣根:《儒家法思想通论》,广西人民出版社1992年版,第203页。

在古代中国，宗法是传统政治法律思想文化的核心概念[1]，宗法精神是贯穿社会结构一切领域的根本观念。因此，宗法关系也成为儒家概括古代中国社会关系的基本概念。

"宗"，古代汉语中，谓之始祖、祖先，进而指由同一始祖繁衍而成的群体——宗族，所谓"同祖为宗"。宗法，顾名思义，就是"以宗为法"或"以宗子为法"，其基础乃是依据血缘区分的长幼、嫡庶、远近等亲属关系。在原本意义上，"所谓'宗法'，即以血缘为纽带调整家族内部关系，维护家长、族长的统治地位和世袭特权的行为规范"[2]；所谓"宗法关系"，原指以血缘关系为基础的家族关系。后来"宗法关系"通过"政治拟制"突破血缘家族关系而扩大为社会政治关系。古代中国氏族社会后期，在部族之间频繁的征伐战争中，某一族姓强势胜出、一统天下而建立了早期的国家，该族姓之宗法关系基本上也就被完整保留下来。这样，家的扩大形成了国，即所谓国家。有学者比较中西"国家"含义时就发现："西方表示'国家'是country、nation、state……都没有'家'的意思，最多有'乡土'、'政治共同体'的意思。只有中国，才把'国'与'家'连在一起说……其实，在古代中国思想里，家和国只是一小一大而已……把'国'看成是放大的'家'。"古代中国，"家是国的基础，家族的秩序和原则放大了，就是国家的秩序和原则。"[3] 梁启超先生就此评曰："凡国家皆起源于氏族，此在各国皆然。而我国古代，于氏族方面之组织尤极完密，且能活用其精神，故家与国之联络关系甚圆滑。"[4]这样，氏族（宗族）首领也即是国家的统治者，出于自然的经验惯性，其所用以治理氏族（宗族）以实际血缘为基础的宗法关系结构，通过比附、拟制方式也被用来概括地缘为基础国内社会关系结构。

由此，"宗法关系"的适用领域以及含义都得以大大扩展，乃至成为了主导古代中国政治法律建构的一个核心概念，其"基本含义是以家族作为伦理、政治、法律等诸类理论的推理基础，而以尊尊亲亲、内外有别为核心原则建

---

[1] 梁启超：《先秦政治思想史》，东方出版社1996年版，第49页。
[2] 张国华：《中国法律思想史新编》，北京大学出版社1998年版，第25-26页。
[3] 葛兆光：《古代中国文化讲义》，复旦大学出版社2006年版，第38-39页。
[4] 梁启超：《先秦政治思想史》，东方出版社1996年版，第44-45页。

构社会结构以及人与人关系"[1]。在此意义上,"中国传统的政治、社会结构可以称为宗法结构,而传统制度所建构的人与人关系都可成为宗法关系"[2]。这种人与人的宗法关系包括两个层次:一是核心内层的"家",根据实在血缘形成的社会关系,二是外层的"国",根据拟制血缘形成的社会关系。

之后,古代中国社会"宗法关系"的演进理路,完全为儒家所继受并进一步发扬。[3] 第一步,儒家首先就从以实在血缘关系为核心的家庭宗法关系出发,将其抽象为三伦社会关系:"父子、兄弟、夫妻",相对应的宗法德性就是"父慈、子孝、兄良、弟弟(悌)、夫义、妇听"(《礼记·礼运》)。然后第二步,家内的宗法关系通过比附和拟制的方式,扩展到国内的政治社会关系——君臣(官民)关系和朋友关系。后者是人为比附和创设的新血缘关系——拟制血缘关系,即以"父子"比附"君臣(官民)",以"兄弟"比附"朋友"。所以有"君父""臣子""四海之内皆兄弟"的说法。冯友兰就评论说:"家族制度过去是中国的社会制度。传统的五种社会关系……其中有三种是家族关系……君臣关系可以按照父子关系来理解,朋友关系可以按照兄弟关系来理解。在通常人们也真地是这样来理解的。"[4] 这样,社会宗法关系也从三伦发展为完整的五伦:君臣、父子、夫妇、兄弟、朋友。

《礼记·中庸》讲:君臣也,父子也,夫妇也,昆弟也,朋友之交也,五者天下之达道也。这"五伦"宗法关系就成为儒家建构法正义论的理论主干,即儒家法围绕"五伦"宗法关系的主体——"五对"社会主体,公平对等地科以相应义务,形成所谓"十德"。

---

[1] 毛国权:《宗法结构与中国古代民事争议解决机制》,法律出版社2007年版,第10页。

[2] 毛国权:《宗法结构与中国古代民事争议解决机制》,法律出版社2007年版,第12页。

[3] 儒家作为中国传统思想的主体,将这种家国关系的拟制扩展思路传承下来并刻印在中国人的思维观念中。当今21世纪人们很自然的一些说法,比如"两岸一家亲""中华一家人"等,就仍反映着以家庭关系比附普遍的人与人关系的传统宗法关系思维和观念。

[4] 冯友兰:《中国哲学简史》,涂又光译,北京大学出版社1996年版,第19页。

（二）儒家法正义的基本要素："十德"义务

与社会关系的概括理路类似，儒家对社会义务的对等分配包含"从家到国"的两个步骤。第一步，对作为核心社会关系的"三伦"家庭宗法关系：父子、兄弟、夫妻，对等赋以相应宗法义务或德性——"六德"，即"父慈、子孝、兄良、弟弟（悌）、夫义、妇听"（《礼记·礼运》）。第二步，以家庭宗法德性比附国家和社会宗法德性。在儒家看来，从家到国的过渡或者比附是如此自然而"圆滑"，家与国的核心伦理原则——忠和孝，根本上也是相通的，孝为忠之本，是忠的基础。[1]故"有子曰：'其为人也孝弟，而好犯上者，鲜矣；不好犯上，而好作乱者，未之有也'"（《论语·学而》）。

因此，儒家参照以"父子"比附"君臣"，以"兄弟"比附"朋友"的宗法关系扩展理路，也相应把宗法德性扩展到两种拟制血缘关系"君臣和朋友"上。换言之，儒家认为，"君臣和朋友"关系欲达至正义，"君臣"关系就应当秉持"君仁、臣忠"德性，"朋友"关系则应崇遵"长惠、幼顺"德性。[2]这样，"五伦"社会宗法关系——君臣、父子、夫妇、兄弟、朋友，就各自对应十种德性或义务。

"父慈、子孝、兄良、弟弟（悌）、夫义、妇听、长惠、幼顺、君仁、臣忠"的"十德"义务，就是儒家法正义的基本要素。儒家看来，如若社会全部五伦宗法关系秉持各自宗法德性、各社会主体能够忠实履行各自宗法义务，社会就能达到"父子有亲，君臣有义，夫妇有别，长幼有序，朋友有信"的正义状态。这就是儒家法所努力塑造的理想社会。

那么，这种正义秩序具体依赖什么才能得以实现呢？答曰：礼法。

（三）儒家法正义的实现路径："礼法"

在宗法关系通过"政治拟制"由家而国得以扩展之时，宗法伦理也由"家法"扩展为"国法"——最早体现为儒家所推崇的"周礼"。根据梁启超的研究，周礼是适于同姓总宗族的宗法扩大适用到异姓族间关系而形成的国家大法："周人自厉行此制，于是'百姓'（即不同姓的宗族——作者注）相互间，

---

[1] 葛兆光：《古代中国文化讲义》，复旦大学出版社2006年版，第39页。
[2] 冯友兰：《中国哲学简史》，涂又光译，北京大学出版社1996年版，第240页。

织成一亲戚之纲,天子对于诸侯,'同姓谓之伯父,异姓谓之伯舅,'(《王制》)《诗》有之:'岂伊异人,兄弟甥舅。'(《伐木》)其大一统政策所以能实现者半由是。此制行之三千年,至今不变。我民族所以能蕃殖而健全者,亦食其赐焉。以上所言者,异族相互间之关系也。若夫同族相互间,更有所谓宗法者以维系之。"[1]因此,"周代礼制的核心,是确立血缘与等级之间的同一秩序……就是把父、长子关系为纵轴、夫妇关系为横轴、兄弟关系为辅线,以划定血缘亲疏远近次第的'家',和君臣关系为主轴、君主与姻亲诸侯关系为横轴、君主与领属卿大夫的关系为辅线,以确定身份等级上下的'国'重叠起来"[2]。后来儒家将"礼"发展概括为以"礼、名、分"为核心概念的周礼和宗法制度。以"礼"为主干,辅之以"法和律",形成被儒家奉为建构国家和社会正义秩序的基本规则的儒家法——"礼法"。

"礼法"就是儒家法正义论的所谓"法",其价值目标就是保障各社会主体履行各自宗法义务,匡扶宗法正义,最终形塑一个正义社会秩序。正所谓"礼义以为纪,以正君臣,以笃父子,以睦兄弟,以和夫妇"(《礼记·礼运》)。因此晏子就说:父慈、子孝、兄爱、弟敬、夫和、妻柔、姑慈、妇听,礼也。"父慈而教、子孝而箴、兄爱而友、弟敬而顺、夫和而义、妻柔而正、姑慈而从、妇听而婉,礼之善物也。"(《左传·昭公二十六年》)

"礼法"就成为儒家法正义所赖以实现的基本路径。它由儒家思想所宣扬、完善和传承,并由儒生所提倡并实践。在此过程中,传统中国包括家庭关系、政治社会关系在内的全部人与人的关系,都被"礼法"向着儒家心中的法正义所"一体"塑造。

(四)儒家法正义论的公平原则:"名分相称"

之所以说在儒家思想中儒家法追求的是公平正义,儒家思想存在法正义论,根本原因是儒家法始终遵循公平原则,根据社会主体身份来对等分配义务,即社会各主体的"名"与"分"严格对应。

在儒家的"礼法"中,每个人都有着血缘(实在血缘和拟制血缘)关系所决定的身份——名,君臣、父子、兄弟、夫妻、朋友;相应的身份分别相

---

[1] 梁启超:《先秦政治思想史》,东方出版社1996年版,第46页。
[2] 葛兆光:《中国思想史》(第1卷),复旦大学出版社2001年版,第35页。

应承担着不同的对等宗法责任——分，即父慈、子孝、兄良、弟弟（悌）、夫义、妇听、长惠、幼顺、君仁、臣忠。而且，这些身份及责任之间存在着"贵贱、尊卑、长幼、亲疏"等不平等的等级差别。如瞿同祖先生所言，"'物之不齐，物之情也'，儒家认为这种差异性的分配……才是公平的秩序"[1]。

儒家法正义论中社会主体各等级身份之间义务对等的"名分相称"原则，蕴含着"人人平等"思想。它主要体现为——位尊者和位卑者各自所负义务在理论上是对等的，实际上是一种对等"契约关系"。与位卑者的"忠、孝、敬、柔、悌、听、顺"等义务相对等的是位尊者的"仁、慈、爱、良、和、惠、义"等责任。儒家之礼中，"尊卑"二方的义务和责任互为条件、互为前提，并无先后高下之分，需要一体履行、一体实现，方合正义。"君君、臣臣、父父、子子"（《论语·颜渊》），意谓：若要"以君臣父子礼待之，前提必须是受礼之人是个合格的君臣父子……礼首先是相互的责任、教育和提高，然后才是权利和权力"。[2]

以"君臣关系"为例，君若仁，臣对等以"忠"之德，反之，君父不仁，虽处"君父贵位"、有"君父尊名"，亦非君父，自然不能享受臣子待君父之礼——"忠孝"；"君"若不仁则不为"君"，对此臣不仅不必尽臣之忠，"君不君则臣也可以不臣"[3]。君不是君，而是独夫，天下可诛之。故孟子曰："闻诛一夫纣矣，未闻弑君也。"（《孟子·梁惠王下》）"显然，这种关系对双方都有约束，所以原始儒家虽然讲君权父权，但并不等于绝对专制。"[4]如此"义务对等"关系如梁启超所言：儒家"五伦全成立于相互对等关系之上，实即'相人偶'的五种方式"[5]。

如果人与人义务完全对等，实际上在义务上人与人就是平等的。那么相对地，在权利上也必然是平等的。人与人权利义务平等，在法律上就意味着

---

[1] 瞿同祖：《瞿同祖法学论著集》，中国政法大学出版社1998年版，第308页。

[2] 柯小刚：《古典文教的现代使命》，上海人民出版社2012年版，第5页。

[3] 秦晖：《西儒会融，解构"法道互补"——典籍与行文中的文化史悖论及中国现代化之路》// 秦晖：《传统十论》，复旦大学出版社2004年版，第215页。

[4] 秦晖：《西儒会融，解构"法道互补"——典籍与行文中的文化史悖论及中国现代化之路》// 秦晖：《传统十论》，复旦大学出版社2004年版，第173页。

[5] 梁启超：《先秦政治思想史》，东方出版社1996年版，第91页。

人与人就是平等的。只不过在儒家法思想中,"法律面前人人平等"体现为"礼法面前人人对等负有宗法义务"。因此,儒家法思想的"名分相称"原则,表明儒家法在理论上是公平的和正义的,儒家法思想内在就包含有"法正义论"。

考察儒家法正义论至此,则不得不提醒上文论述中一个重要的限定:仅从思想理论上来说。换言之,若从思想理论体系意义上说,儒家法的核心价值是正义,儒家法思想包含着法正义论内容。然而,理论不能等同于现实。理论是一回事,其应用到现实中的结果则可能是另一回事。

三、"百代都行秦政法":"儒表法里"政制下儒家法正义的异化

中国法律制度史表明,当儒家的法正义论运用到法律现实中后,儒家法理论和传统法治现实就发生了严重脱节和巨大反差。"义务对等"的法正义论原则,并没有成为现实的法律原则。

(一)"义务对等"异化为"义务本位"

儒家法正义论将"义务"作为形塑正义社会秩序的基本手段,在此思想指导下的传统法律制度也主要将"义务"作为调整社会关系的手段,将"宗法义务"作为法的主要内容,并且附加了严厉的制裁手段。"凡是违背这些义务的便是违法的,有罪的。"[1]以儒家法思想得以集中运用的唐律为例,其所严厉惩处的最严重十种犯罪行为——"十恶"中,位于前列的"谋反、谋大逆、谋叛和大不敬",都是为保障"忠"这个政治关系中的宗法义务得以履行;其后所严厉惩处的"恶逆、不孝、不睦、不义和内乱"等犯罪,则直指"孝、顺、悌、听"等其他宗法义务。

由此可知,传统法律虽将宗法义务转化为了法律义务,但是其对法律义务的规定,并未遵循儒家法正义论所要求的"义务对等"原则。在法律上,统治者与被统治者的义务严重不对等。法律所实际规定的义务主要是被统治者(位卑者)的义务,所制裁的对象也主要是作为大多数人的被统治者(位卑者)。正是在此意义上,以儒家法治为主体的中华法系就被现代学者称为

---

[1] 俞荣根:《儒家法思想通论》,广西人民出版社1992年版,第19页。

"义务本位"型法系。俞荣根先生对此解释道:"说中华法系及其法心理属于义务本位,并非指它们不讲权利,而是因为权利义务在主体那里被割裂了……中国古代,权利和义务统一于社会共同体——家庭或国家,其中一部分人以国家或家庭的名义占有了别人的权利。于是在国家和家庭内,少数人(君主、官吏、家长)享有权利,而大多数人(贱者、卑者、臣民、子女)只有尽义务的份。"[1]传统法律制度的"义务本位"特征,恩格斯在阶级分析角度曾有深刻阐述:"它几乎把一切权利赋予一个阶级,另方面却几乎把一切义务推给另一个阶级。"[2]

由此可见,"义务对等"的儒家法正义论并未带来一个"义务对等"的公正法律制度,更未塑造一个公平正义的社会秩序。从理论到现实,儒家法正义论发生了扭曲和异化。这未尝不是儒家法思想的一个重大遗憾,让人扼腕叹息之余不禁深思:何以会发生这种异化?

(二)彻底瓦解"义务对等"原则的"儒表法里"政制

1973年毛泽东在《七律·读〈封建论〉呈郭老》中曾言:"百代都行秦政法",一语点破了主导传统政制的"儒表法里"根本原则。秦代政法是显明的"法家政制",虽自汉武帝"罢黜百家、独尊儒术"后,历代统治者都表面上崇奉儒家,然而实际主导其治国的却唯赖"法家"。这种特点被有些学者概括为"儒表法里",儒家思想受到"尊崇"只是在纸面上,停留在外在表面上的,内里实际政制所行的则是法家的那一套。从秦至清整体来看,中国传统政治主流理念是"儒表法里",表里互相矛盾:说的是儒家政治,行的是法家政治;讲的是性善论,行的是性恶论;说的是四维八德,玩的是"法、术、势";纸上的伦理中心主义,行为上的权力中心主义。

具体到法治方面,"儒表法里"的理念仍然通行。因为儒家法正义追求社会各主体间"义务对等"的公平正义关系,特别是尊卑之间,更是纯然的"对等契约"关系,一方义务以另一方义务存在和履行为前提。由此推之,君臣之间若达成正义关系,"君仁""臣忠"的义务要求必须一体实现和履行;换

---

[1] 俞荣根:《儒家法思想通论》,广西人民出版社1992年版,第21页。
[2] 恩格斯:《家庭、私有制和国家的起源》,中共中央马克思恩格斯列宁斯大林著作编译局译,人民出版社1999年版,第184页。

言之，若君不仁，则即不为"君"，就丧失被臣民尽忠的资格，沦为了臣民人人可诛的"独夫"。儒家法正义的如此推理，必不为实际掌控统治权并追求"传子孙万代"的各朝君王所不容，故而明确倡言此理的孟子，其牌位就曾被明太祖朱元璋逐出文庙。

尊卑间"义务对待"的儒家法正义原则既不兼容，在现实中就必然被统治者用来巩固"君权"的法家思想所瓦解抛弃。他们接受法家所追求的秩序，是以权力等级体系为主干的社会政治秩序，保证位高者拥有绝对权力优势来控制位卑者，不是"正义"秩序而是"安全"秩序，是保证尊贵者统治权不受位卑者觊觎的安全统治秩序，而非各主体间义务对等公正的儒家正义秩序。

职是之故，实际掌握立法权的尊贵统治者，在行立法之事时，必然抛弃义务对等的儒家法正义理念，而追求尊卑间义务责任绝对不对等。二者义务不再互为履行条件，比如君臣关系，臣忠不再以君仁为条件，如雍正帝就曾御批申斥臣下"君恩深重，涓埃难报"说："但尽臣节所当为，何论君恩之厚薄"（《朱批御旨·田文静奏折》，雍正七年六月十五日），厉责臣下要对君主绝对无条件的愚忠尽忠。尊贵位高者义务是弹性的，至多是道德义务，不具法律强制性；而卑贱位低者的义务，则是刚性的，是法律义务，具有法律强制性，不履行则必遭法律严惩。后来科举制的建立和盛行，开启了"儒的吏化"或"儒的法家化"历史进程。在其中，儒生被改造成为"法吏"，儒家法正义终无主导传统法治的机会。

（三）立法权是决定法正义论实现效果的关键

国家法律是立法者制定的，一个国家的法律怎样规定，取决于立法者的意志。古代中国，立法权掌握在作为少数人的"君、官"等统治者手中。在传统宗法社会关系中作为统治者的"君、官"都是居于尊贵地位，属于位尊者；被统治者的"民"，则居于卑贱地位，属于位卑者。虽然儒家法正义论对等赋予二者与其身份相称的义务，但是国家立法权由作为统治者的尊贵阶层所独享，处于被统治地位的位卑者丝毫不能参与国家立法。因此国家法律规定义务时，必然完全倾向于立法者即位尊者的自身利益，主要规定的是被统治者或者是卑贱人的义务以及统治者或者是位尊者相应的特权。

"孝"是被儒家视为家庭关系中的位卑者所应负的首要宗法义务；而政治

关系中位卑者的首要德性义务是"忠"。忠和孝都是卑对尊、贱对贵所应承担的首要宗法义务。因此，在传统法律中，"'刑三百，罪莫重于不孝'，据说是商代就有的法律规定。秦汉人一统封建君主专制制度定型以后，以'孝'和'忠'为核心的'三纲五常'即是大伦，又是大法。到隋、唐的法律中，'不忠'、'不孝'被定为'十恶'大罪"[1]。位卑者的宗法义务几乎都被上升为法律义务，并且对该义务的违背被视为严重犯罪，受国家严厉制裁。

与此相对比的是，位尊者所对等承负的宗法义务几乎没有上升法律义务，其违背宗法义务、危害位卑者时所受法律制裁要轻得多，甚至根本不属于国法调整范围。以"官民"关系为例，儒家法正义论中官对民所负的宗法义务或德性是"仁"，相应地民对官的义务是"忠"。民若不忠，侵害了官，在唐律中就"罪莫大焉"，所受惩处严重于凡人相犯，甚至会入"十恶不赦"之罪；而若官不仁，侵害了民，在唐律中官员可以依官品地位及与皇帝血缘的亲疏，分别享有议、请、减、赎等特权，甚至还会发生"官官相护"而不了了之的情况。

由此可见，儒家法正义论中位卑者的"忠、孝、敬、柔、悌、听、顺"等义务，几乎都被国家法律规定为法律义务，违背该义务就会受到国家法律的严厉制裁；而其中与之相对等的位尊者"仁、慈、爱、良、和、惠、义"等责任，并没有转化为法律义务，而至多只是作为一种道德义务。若位尊者违背该义务，只承担很轻的法律责任，甚至几乎没有什么不利后果。儒家法正义论中位尊者的德性义务，最后就沦为一种道德宣教、空洞口号乃至虚伪粉饰。

虽号称以儒家思想作为立法指导思想，但中国传统法治"选择性"地运用了儒家法思想。儒家法正义论的国家和社会各主体间"义务对等"并未成为中国传统法治的核心立法原则，"君为臣纲，父为子纲，夫为妻纲"才是其实际主导原则。儒家法正义论中的对等宗法关系被扭曲为一种严重不平等的权力服从关系，理论中的社会各主体间的义务平衡关系在现实中异化为严重的"义务失衡"关系。

综上所述，国家立法权由某一部分社会主体（作为统治者的位尊者）所

---

[1] 俞荣根：《儒家法思想通论》，广西人民出版社1992年版，第19页。

独享才是儒家法正义论发生严重扭曲和异化的根本要害。立法权的掌控乃是决定法正义论实现效果的关键。法律实际规定谁的义务，并以国家强制力保障谁的义务得以履行，就看立法权掌握在谁的手中。

立法权属于国家治权。"立法权掌控"（由哪些人掌控？一个人、少数人还是多数人？）这个法理学问题，在政治学中，恰属于"政体"问题范畴，即国家最高治权的掌控问题。亚里士多德在《政治学》中对古代城邦政体进行分类采用了两个标准，其中一个就是城邦最高治权的掌控情况。最高治权的掌控者可以是一人，也可以是少数人，又可以是多数人。"政体（政府）的以一人为统治者，凡能照顾全邦人民利益的，通常就称为'王制（君主政体）'。凡政体的以少数人，虽不止一人而又不是多数人，为统治者，则称'贵族（贤能）政体'……以群众为统治者而能照顾到全邦人民公益的，人们称它为'共和政体'。"[1]

"义务对等"的儒家法正义如欲完全实现，那就需要社会各主体共享国家立法权，是谓"共和"；需要处于卑位且占大多数的被统治者得以分享和掌控国家立法权，是谓"民主"。在"民主（人民）共和"的政体下，国家法律才可能会公平对等社会各主体，对等规定相应义务并保障义务的实现。

这恰是儒家思想的薄弱之处。儒家实现法正义的路径，并不是如古希腊亚里士多德那样着眼于寻求最合适的完美政体（perfect regime）——属于混合政体的共和政体[2]，而主要寄希望于统治者（位尊者）的道德自觉，寄希望于位尊者通过"格物、致知、诚意、正心"的自我修炼，自觉感知到天道正义及自身所负的道义责任，从而自觉履行宗法义务、践行正义准则，最终塑造正义的家庭、政治和社会秩序，即"修身、齐家、治国、平天下"。儒家强调"民惟邦本、本固邦宁"，指出"民为贵，社稷次之，君为轻"（《孟子·尽心下》），阐述"传曰：'君者，舟也；庶人者，水也。水则载舟，水则覆舟。'此之谓也。

---

[1] 亚里士多德：《政治学》，吴寿彭译，商务印书馆1965年版，第133页。
[2] 亚里士多德在《政治学》第二卷开始就表明自己的写作意图乃是：我们打算阐明，政治团体在具备了相当的物质条件后，什么形式才是最好而又可能实现人们所设想的优良生活的体制。随后用三卷的内容对当时存在的政体理论以及政体实例进行详细的考察和评析，最后试图得出结论：混合式的共和政体是最为优良的政体，最能实现正义和善。

故君人者，欲安，则莫若平政爱民矣"（《荀子·王制》），亦不过是告诫和提醒统治者要替民做主、为民做主，而非为民自己做主。

漫长的千年历史证明，法正义寄望于人的道德自觉来实现，终究是靠不住的。即使某些历史时期，有贤君明相、君子圣人"以天下为己任"，忠实履行道义责任，践行正义准则，但终究不能扭转传统法治偏离法正义的整体历史趋势，没能改变儒家法正义论在现实中最终流于空泛和空想的历史结果。

四、结语

总而言之，无论现实如何，仅从理论上来说，儒家法思想具有公平正义性，儒家存在法正义理论是不可否认的；若其"义务对等"原则能完全变为现实，最后通过设置义务所塑造的社会，未尝不是一个完美的正义社会。

由此可得如下法理启示。第一，权利和义务只是法律调整社会关系的手段，法通过对等公平规定义务，也能塑造一个正义社会秩序。第二，权利和义务须平衡对待，不可偏重和偏废其一。义务本位的儒家法固然存在诸多弊病[1]，"权利本位"[2]的现代法价值观被偏激推崇后所导致的"狭隘私欲膨胀、罔顾法律责任和公共利益"等不良后果，也正日趋成为威胁社会正义根基的严重问题。这表明，"权利本位"或许只是理论家虚构出来的一个现代法理迷信。麦金太尔深刻批判现代"权利神话"说："真理是显而易见的，即：根本不存在这类权利，相信它们就如相信狐狸精与独角兽那样没有什么区别……这类权利的存在不可能得到证明……因此，自然权利或人权是虚构的，只不过是具有高度特殊性质的虚构。"[3]对该理论当前所指的社会问题，与其相对的儒家法正义论可予以深入矫正和诊疗。这或许是儒家法正义思想的未来研究所应着力关注的重要课题。第三，"民主共和"的国家政体下，人民牢牢掌控立法权和社会各阶层充分参与立法，是法正义充分实现的前提条件。实现

---

[1] 儒家法思想将义务作为调整和形成社会正义秩序的主要手段，给每一等级身份都赋予了严密的以"爱人和克己"为特征的义务体系。儒家设定的繁密宗法义务超出了绝大多数人的能力，不具现实可行性，最后就只能流于虚伪的空洞口号。

[2] 阿拉斯戴尔·麦金太尔：《追寻美德：道德理论研究》，宋继杰译，译林出版社2011年版，第88-89页。

[3] 阿拉斯戴尔·麦金太尔：《追寻美德：道德理论研究》，宋继杰译，译林出版社，2011年版，第88-89页。

法正义,仅有法律理论上的完美设计还是不够,还应着眼现实政体的完善和审慎改良。当前,"人民共和"的国家政体已经确立,"促进人的自由和全面发展"也被奉为社会主义国家的终极价值目标。因此,充分实现法正义已经具备了重要前提;法学研究者更应着力谋思设计和完善落实"人民共和"政体的具体法治机制。

第四章
古今权利观演进的正义论变迁

从法哲学视角来看,"权利"这种建构的本质是对人欲的中道规制。近代以前主流正义论,从德性高于欲望的理念出发,对人欲的正常发展和满足普遍持限制甚至是压制立场。这导致人欲受限过度,人类物质生活的整体质量水平过低,与中道的正义观相悖。诞生于近代西方的权利概念,是对这种不正义状态的根本反动或矫正,极大推动了人欲的普遍满足,但也带来矫枉过正的风险。当"权利"观念被偏狭理解为"私欲至上"时,反而会减损国家和法律(权利的最根本保障)之权威,对权利实现无疑是"自毁长城"。只有坚守"德性与欲望""欲望和法律""国家与人"关系的中道正义,方可实现权利的初衷:人的普遍自由。

对于"权利"这一概念或观念,麦金太尔曾略显偏激地直言:"在中世纪临近结束之前的任何古代或中世纪语言中,都没有可以准确地用我们的'权利(a right)'一词来翻译的表达式……从这点来看,居然存在着这类人之为人都具有的权利,自然令人诧异……真理是显而易见的,即:根本不存在这类权利,相信它们就如相信狐狸精与独角兽那样没有什么区别。……这类权利的存在不可能得到证明。……因此,自然权利或人权是虚构的,只不过是具有高度特殊性质的虚构。"[1]因此,若把"权利"视为一种"人为建构"而非神秘神圣的意识形态,那么就有必要从法哲学角度思考它缘何自诞生以来至今都被现代社会奉为崇高价值?它一定是贴近满足了人的普遍需求,顺应了人类社会的发展大势而具有了坚实的正义基础和人性基础。本研究即尝试从法哲学视角,思辨"权利与人欲"关系,从人性深处探析权利的正义根基。

一、普遍压制人欲的"前权利时代"

"权利"的内容实质,乃是人之欲求。人人生而平等,最基本的是指人人生而就有欲求,没有例外。有欲求就追求欲求的满足,也是人之动物本能的体现。但是在人类漫长的历史长河中,在权利概念诞生之前的"前权利时代",人之欲求往往备受人类社会主流正义理论及法律制度的束缚与压制。正义为权利之逻辑基础,权利就是应得的、正当的,从而是正义的利益,什么样的利益是正义的,取决于当时的正义观念。在古代,人之欲求之所以没有成为

---

[1] 阿拉斯戴尔·麦金太尔:《追寻美德:道德理论研究》,宋继杰译,译林出版社2011年版,第88-89页。

人之权利，其根由在于当时的正义论不能给予充分的正当性支持。

（一）古代西方自然正义论的束缚

西方的古代正义论发源于古希腊的自然正义思想。古希腊人对自然的认识就构成了自然正义论的基础，或者说其自然观决定了其自然正义观。在他们看来，"由于自然界不仅是一个运动不息从而充满活力的世界，而且是有秩序和有规则的世界，他们理所当然地就会说，自然界不仅是活的而且是有理智的（intelligent）；不仅是一个自身有灵魂或生命的巨大动物，而且是一个自身有心灵的理性动物"[1]，自然运行的永恒规则和秩序，就是"自然法"（natural law），它"是更高的或终极的法律，出自宇宙之本性"[2]，"是与本性（nature）相合的正确的理性；它是普遍适用的、不变的和永恒的"[3]。根据这样的自然观，古希腊在道德和政治领域形成了以自然法为终极根据的自然正义论，并一直主导古代西方（从古希腊、古罗马直到中世纪）正义观念。

就促使"人欲"发展为"权利"来说，该正义论存在如下重大局限和束缚。

第一，人从属于自然，束缚了人的主体性意识生长。"在亚里士多德式宇宙观和自然观为主导的古希腊、斯多亚以及中世纪观念当中，自然的图景与人的价值是完全融为一体的。"[4] 人是自然的一个环节，处于一个"无生物—植物—动物—人—神"的自然生命链条之中。人作为自然的一部分和一个环节，从属于自然，匍匐于自然脚下，只能被动听从自然（nature）根据各人迥异本性（nature）所作的地位决定、职位安排和利益分配，服从自然的法则，没有多少主动选择的余地。在这种结构下，人即使具有了主体性意识，但也难以发展到获得超越自然之上的主体地位。形成"权利"关键问题，不仅在于人能否超越自然，更在于人能否突破这个宏大的自然论框架束缚，成为独立的利益主体或权利主体。

---

[1] 柯林伍德：《自然的观念》，吴国盛、柯映红译，华夏出版社1999年版，第4页
[2] 登特列夫：《自然法：法律哲学导论》，李日章、梁捷、王利译，新星出版社2008年版，第3页。
[3] 西塞罗：《国家篇 法律篇》，沈叔平、苏力译，商务印书馆2002年版，第104页。
[4] 林国荣：《自然法传统中的霍布斯》//渠敬东：《现代政治与自然》（思想与社会第三辑），上海人民出版社2003年版，第2页。

第二，个人从属于国家，限制了个人独立价值的膨胀。城邦并不是个体之间的结合，而是团体之间的结合。在城邦面前，人除了体现人的一面之外，更重要的是体现出作为"城邦构成"的一面。在城邦中，人才能得以生存、自足并过上优良生活。"等到由若干村坊组合而为'城市（城邦）'，社会就进化到高级而完备的境界，在这种社会团体以内，人类的生活可以获得完全的自给自足；我们也可以这样说：城邦的长成出于人类'生活'的发展，而其实际的存在却是为了'优良的生活'。"[1]因此，"城邦[虽在发生程序上后于个人和家庭]，在本性上则先于个人和家庭。就本性来说，全体必然先于部分……自然生成的城邦先于个人，就因为[个人是城邦的组成部分]"[2]。个人失去了城邦身份，就失去了人的全部。在与城邦从属关系的束缚下，个人不会膨胀为超越于城邦之上的个体，也难以成为作为权利主体的个人。

第三，个人依赖国家，制约了个人与国家的分离。个人对国家的依赖，主要体现为只有城邦才能成就人。原因在于，其一，人在本性上是政治的动物，人在城邦中才能显明和实现本性，让自己成其为人。"人类自然是趋向于城邦生活的动物（人类在本性上，也正是一个政治动物）。凡人由于本性或由于偶然而不归属于任何城邦的，他如果不是一个鄙夫，那就是一位超人，这种'出族、法外、失去坛火（无家无邦）的人'，荷马曾卑视为自然的弃物。"[3]"凡隔离而自外于城邦的人——或是为世俗所鄙弃而无法获得人类社会组合的便利或因高傲自满而鄙弃世俗的组合的人——他如果不是一只野兽，那就是一位神祇。"[4]其二，个人在城邦中才能存活并获得自足。"每一个隔离的个人都不足以自给其生活，必须共同集合于城邦这个整体[才能大家满足其需要]"[5]，"等到由若干村坊组合而为'城市（城邦）'，社会就进化到高级而完备的境界，在这种社会团体以内，人类的生活可以获得完全的自给自足"[6]。其三，个人在城邦中才能完善自身德性，过上优良的幸福生活。至善就是人

---

[1] 亚里士多德：《政治学》，吴寿彭译，商务印书馆1965年版，第7页。
[2] 亚里士多德：《政治学》，吴寿彭译，商务印书馆1965年版，第8-9页。
[3] 亚里士多德：《政治学》，吴寿彭译，商务印书馆1965年版，第7-8页。
[4] 亚里士多德：《政治学》，吴寿彭译，商务印书馆1965年版，第9页。
[5] 亚里士多德：《政治学》，吴寿彭译，商务印书馆1965年版，第9页。
[6] 亚里士多德：《政治学》，吴寿彭译，商务印书馆1965年版，第7页。

的幸福,幸福就是合乎德性的生活。而德性的培育只能在城邦中实现。"这样,从一个伦理视点出发,从定义为道德共同体的国家概念出发",个人与国家在道德目的上是如此一致,个人对国家如此依赖的情况下,个人与国家难分难离,几乎不存在对立,更不会形成对抗,反而存在着"某种为大多数现代思想所陌生的团结一致性"[1]。海因里希·罗门评论希腊的自然法思想时就说,"在亚里士多德眼里,如同在柏拉图眼里,城邦乃是伟大的导师,严格说来,他们是不承认公民反抗它的自然的、主观的权利的。"[2]

第四,人欲备受压制,权利难以生成。根据自然正义论,欲望都必须也必须被理性压制、控制和管制,始终处于被统治的地位。正义的个人与正义的国家具有同构性,个人需要使欲望服从理性统治和压制,使自己内部各部分秩序井然,才是正义的。自然正义的要求归结为一个命题,就是"按照自然生活"。这是一个义务性命题,根据这个命题,不管是为了个人的正义,还是为了国家的正义,个人欲望都需要节制(包括主动自制和被动规制)。自然赋予个人(不管是统治者还是被统治者)的主要是义务。"在古代人那里,个人在公共事务中几乎永远是主权者,但在所有私人关系中却都是奴隶。"[3]在人欲备受压制的自然正义下,不存在权利生长的土壤。

第五,人与人自然不平等,人欲普遍满足缺乏正当根据。自然赋予了每个人不同的自然本性,这决定了各人在城邦中都有自己应有的位置、职位和作用。依据自然正义或自然法,人与人的自然不平等,决定了人的政治地位的不同。统治者与被统治者在自然天性上就是不平等的,统治者在自然本性上优于被统治者。个人依据各自本性不同作统治者和被统治者,各司其职、各负其责,安分守己,才是合乎自然的,也才是正义的。在这种自然正义观下,"人与人"之欲求关系缺乏普遍平等基础,普遍意义上的"欲求满足"并没有正义根据。

基督教神学思想主导的中世纪,其正义论本质上是一种神义论,即上帝

---

[1] 巴克:《希腊政治理论》,卢华萍译,吉林人民出版社2003年版,第9页。

[2] 海因里希·罗门:《自然法的观念史和哲学》,姚中秋译,上海三联书店2007年版,第17页。

[3] 邦雅曼·贡斯当:《古代人的自由与现代人的自由——贡斯当政治论文选》,阎克文、刘满贵译,上海人民出版社2003年版,第48页。

才是正义的唯一的、终极的来源和根据。它从一个秩序井然等级分明的宇宙永恒理性秩序出发，而不是从个体出发，它强调的是"法"而非"权利"，是神圣义务而非个体权利。人不仅要服从上帝的神圣理性——永恒法，而且也要把自然法作为制定法律（人法）、安排生活的根据。根据"恺撒的物当归恺撒，上帝的物当归上帝"的基督教二元权力观，人有两个"王"——天上的上帝和世俗的君主，两个"国"——天上的国和地上的国，因此每个人都承担着双重的义务——服从上帝和服从君主。

总而言之，在以自然正义为核心的古代西方正义论下，作为权利主体的个人及作为权利内容的私人利益在道德上也没有凸显和膨胀的正当基础。人欲普遍充分地满足不能获得正义的支持，难以形成和发展为普遍"权利"。

（二）古代中国"宗法"正义论的压制

古代中国的社会正义论，是以居主导地位的儒家思想为基础而形成的。在古代中国，宗法是传统政治法律思想文化的核心概念，宗法精神是贯穿社会结构一切领域的根本观念，宗法原则是历代王朝法律制度建构的根本指导思想。有学者甚至认为，"理解宗法，乃是理解历史上的中国及其人民的思想核心之一"。因此，古代中国以儒家思想为基础形成的主流正义论可以概括为一种"宗法"正义论。

在儒家看来，全部五伦宗法关系恪守作为宗法准则的——礼，秉持各自宗法德性"父慈、子孝、兄良、弟弟（悌）、夫义、妇听、长惠、幼顺、君仁、臣忠"（《礼记·礼运》），社会就能达到"父子有亲，君臣有义，夫妇有别，长幼有序，朋友有信"（《孟子·滕文公上》）的理想状态。这样的宗法社会，也即儒家心中的正义社会。

建立在儒家思想基础上的宗法正义，对于人之欲求的普遍满足总体亦呈现消极作用。

第一，人欲被最大程度地压制，利与义严重对立。儒家并非绝对的禁欲主义者，人得以存活下来是其道德社会实现的前提，所以儒家亦有反对人殉、杀戮等害人行为的人本思想。但他们主张人人之基本生存欲求满足后，就够了，而后就应当予以教化向善，作君子，成尧舜。"是故明君制民之产，必使仰足以事父母，俯足以畜妻子，乐岁终身饱，凶年免于死亡；然后驱而之善。"

（《孟子·梁惠王上》）"子适卫，冉有仆。子曰：'庶矣哉！'冉有曰：'既庶矣，又何加焉？'曰：'富之。'曰：'既富矣，又何加焉？'曰：'教之。'"（《论语·子路》）因此，欲望满足的正当程度仅限于能生存的水平。"利"虽然未被完全绝对排斥，但"义"是高于"利"的，与"怎样做人"联系起来而成自律、礼让、奉献之义，"君子喻于义、小人喻于利"。个人利益（私欲）完全丧失了道德正当性和权威性。这里与"人之私欲"（利益）渐趋对立的"义"，就是"宗法正义"。

宗法正义论是以义务为中心建构社会秩序的正义理论。人欲的扩展和膨胀导致求利和争利，无疑会使得人们难以固守各自的宗法义务，在根本上严重威胁、危害甚至破坏宗法正义秩序。所以，在宗法正义下，"义利"严重对立，人欲和个人利益不仅得不到正当性支持，而且备受压制，个人要克制欲望才能升华自身道德修养境界，所谓"克己复礼为仁。"（《论语·颜渊》）

为利益而斗争，素来为儒家宗法正义所不容。荀子谴责利益争斗说："斗者，忘其身者也，忘其亲者也，忘其君者也。"《荀子·荣辱》儒家一直视诉讼为争利之斗的不道德行为，而努力提倡息讼、无讼。"子曰：'听讼，吾犹人也，必也使无讼乎。'"（《论语·颜渊》）所以，维护私人利益、满足普遍私欲的行为和追求，是被宗法正义和古代法律所限制甚至禁止的。

第二，个人被宗法等级伦理所决定，难以形成独立、自主、平等的人格。宗法正义下，个人不过是嵌在宗法等级结构中的一个结点。每个人都有血缘（实在血缘和拟制血缘）关系所决定的身份，君臣、父子、兄弟、夫妻、朋友，相应的身份承担着相应不同的宗法责任，父慈、子孝、兄良、弟弟（悌）、夫义、妇听、长惠、幼顺、君仁、臣忠。而且，这些身份及责任之间存在着"贵贱、尊卑、长幼、亲疏"等不平等的等级差别。君、父、夫、兄的地位是尊而贵，相对应的臣、子、妻、弟的地位是卑而贱。即使被认为唯一处于平等地位的一伦："朋友"作为拟制的"兄弟"，亦有"长幼之别"。每个人恪守着由身份差异决定的差等义务，安分守己，卑贱要服从尊贵，做到"君君、臣臣、父父、子子、兄兄、弟弟、夫夫、妇妇"，就是一个正义的人。在人与人不平等的基础上形成的社会差序格局就是正义的社会秩序。

在这样的宗法正义秩序下，首先，个人不是独立的主体，而是从属于作为社会单位的宗族或家族。其次，每个人的地位和责任都被基于宗法的身份所完全决定了的，几乎没有任何自主性，只有服从和顺从的德性。个人只有在服从和顺从这样的宗法正义秩序下，才会有无限的自主空间，即通过自我克制，提升德性境界，成仁成圣。但这是一种履行义务的自主，并非追求利益的自主。

第三，人人承负沉重义务，义务本位是宗法正义的基本特征。中国传统政治法律思想将义务作为形成和调整社会秩序的主要手段，给每一等级身份都设定了对应义务。从最高君主的敬天、保民、仁爱、修身、齐家、治国、平天下，到一般人的事君、孝亲、尊兄、敬长、爱妻、养子、友朋，从上对下的惠、施、宽，下对上的孝、悌、忠等，到具有普遍性的"恕"和"省"等。而尊卑贵贱对很多人来说是相对的关系，每个人会有多重身份，身份重叠，义务交织。这样，宗法正义秩序下的每个人所承负的义务，可谓严重超载。"子贡求息"（《荀子·大略》）的故事生动说明了，忠实履行义务的君子，忙碌一生都难得有休息身心、缓解疲劳的闲暇。义务本位的宗法正义下，处于卑贱地位的大多数人基本上只有"忠、孝、敬"的绝对服从和安分守己义务，难有主张"权利"的正当根据。

综上所述，在古代正义论下，人欲的普遍满足受到极大束缚和限制，"权利"之主体要素（个人）和内容要素（人欲）的形成和发展缺乏充分正当性根据。但中西相比，在发展权利概念的"个体、利益、权威"三大要素方面，西方具有更丰富的思想资源作基础，以至现代"权利"概念首先在西方发源和生成。

二、全面解放人欲的"权利时代"

物极必反。人类历史进入近代，首先在西方迎来了一个全面解放人欲的大时代。自西方启蒙以降，在现代正义论（古典自然法思想）的证成、支持和推动下，长期备受压制和束缚的人和人欲获得了最大解放，人之欲求得以极大释放和满足。启蒙运动以来的现代，本质是一个"人（普遍个人）—人欲（普遍利益）"急速突起并肆意膨胀的时代。其时，人欲获得全面解放的载体就是"权利"，故而这个时代亦可谓"权利时代"。

这一点可从启蒙时期的古典自然法学对权利的形式、主体和内容三要件的塑造中得以窥探。

(一)欲望平等:权利的形式要件

古典自然法学认为,人最初的生活状态,即人的自然状态,乃是一个无国家甚至无社会的状态。没有国家和社会的羁绊,没有自然与上帝的压制,"这也是一种平等的状态……人人平等,不存在从属或受制关系"[1],所以每个人天生都是独立平等的个体;"那是一种完备无缺的自由状态,他们在自然法的范围内,按照他们认为合适的办法,决定他们的行动和处理他们的财产和人身,而毋需得到任何人的许可或听命于任何人的意志"[2],"人类天生都是自由、平等和独立的"[3]。各人都拥有自由意志和理性,凭其理性而据各自意志自由行事,所以每个人都是自由自主的。自然状态中的人,或者人在本性上,是完全平等和自由的独立个体。

人与人生而平等,构成了权利的形式要义:人人平等地普遍享有权利。这里的"平等"实质上意味着人与人的欲望平等,应当同等对待、同等满足。因为这里平等的"人",乃是充满欲望的"欲望个人"。它构成了现代"权利"的形式要件。

(二)欲望个人:权利的主体要件

首先,古典自然法学通过构造"自然状态",解放了人、突出塑造了个人。"个人"获得完全独立自主。古典自然法学的创始人之一霍布斯在政治思想领域,对"人"运用"作分解的减法",减去了束缚和压制人的自然、上帝、国家等一切政治性羁绊和外在权威,把人还原到孤零零的原子式"自然状态"。他在对"国家"做无限的分解减法之时,割断并解构了个人联合的纽带,斩断了个人之间的一切联系,包括社会的和政治的一切联系,结果发现剩下来的只是个人的根本对立:"一切人反对一切人的战争"状态,即"自然状态"。这样,霍布斯就把"公民状态"还原为了前国家的"自然状态",实现了对人的"去政治化"。人类天性是相互独立、自由平等的原子式个体,不具任何政治性和社会性。

其次,霍布斯开创性地纯粹从自然生物和心理意义上考察人,以人的现

---

[1] 洛克:《政府论》(下篇),叶启芳、瞿菊农译,商务印书馆1964年版,第5页。
[2] 洛克:《政府论》(下篇),叶启芳、瞿菊农译,商务印书馆1964年版,第5页。
[3] 洛克:《政府论》(下篇),叶启芳、瞿菊农译,商务印书馆1964年版,第59页。

实感性需求来界定人性，并得出结论：人性中普遍存在的是欲望，欲望是推动生命运动的根本动力，没有欲望就没有生命。"欲望终止的人，和感觉与映象停顿的人同样无法生活下去"。[1] 人在自然状态中没有其他规定性，只有纯粹的欲望和激情。这即是作为霍布斯政治哲学基础的人性公理之一的"自然欲望公理"：无限贪欲是人的首要规定性。

自此开始，古典自然法学就努力塑造作为欲望个体的个人，完成了对现代权利主体要件的创造。

（三）欲望至上：权利的内容要件

人既是充满欲望的个体，就唯满足欲望至上。满足欲望，成为人类追求的最高目的。"一切意义的全部可理解性，其最终根源都在于人类的需要。目的，或者说人类欲望的最为迫切的目的就是最高的、统辖性的原则"[2]。从这个原理出发，"欲望至上"成为现代西方主流政治思想的一个基本原则，也是现代"权利"观念的核心内容。

"欲望至上"的根据在于正义的"欲望化"。在正义与道德领域，霍布斯就认为，"善与恶是表示我们的欲望与嫌恶的名词"，"当个人的欲望就是善恶的尺度时，人们便处在单纯的自然状况（即战争状况）下。于是所有的人便都同意这一点：和平是善，因而达成和平的方式或手段，如我在前面所说的正义、感恩、谦逊、公道、仁慈以及其他自然法也是善；换句话说，它们都是美德，而其反面的恶行则是恶"。[3] 这样，是否有利于实现人的欲望，被当作判断正义与否的标准。

在古代正义论中，理性主导欲望，古代正义可谓是一种"理性正义"。而到了近代，理性工具化为人的专属能力和手段，其力量固然非常强大，最终还是要服务于人的欲望。"理性的功能就是计算出欲望如何能够得到满足，一

---

[1] 霍布斯：《利维坦》，黎思复、黎廷弼译，杨昌裕校，商务印书馆1985年版，第72页。

[2] 列奥·施特劳斯：《自然权利与历史》，彭刚译，生活·读书·新知三联书店2003年版，第180页。

[3] 霍布斯：《利维坦》，黎思复、黎廷弼译，杨昌裕校，商务印书馆1985年版，第121-122页。

种欲望如何与另一种欲望相互调和"[1]。近代的人性论（古典自然法学）完全颠倒了古代人性论中"理性和欲望"的地位关系，从根本上改变了人对自身的看法。

现代正义以人的欲望正义为根本标准，可称为是一种"欲望正义"。它使得人的欲求及其满足在道德上获得了之前古代从未有过的高度正当性，不啻为一种伦理道德"革命"。在过去，满足违禁的欲望令人产生负罪感。而在今天，如果未能得到快乐，就仿佛会降低人的自尊心和自信心，"人就要暗自反省：'我哪儿做错啦？'"[2]

总而言之，古典自然法学中的"人"，是"充满欲望、以满足欲望为目的、拥有理性工具且平等自由"的个体。他不再是古代自然正义论所认为的"介于神和兽之间的自然存在"，而是首先如"兽"一样充满欲望、以欲望为追求，其次又有理性而能如"神"一般自由创造，是"神与兽的合体"。

人欲中之首要与核心内容是"自我保存"。因为自我生命的存在，是一切欲望存在和实现的前提和载体。既然满足自然欲求是正义和道德的核心标准，那么"自我保存就是'首要的善'"[3]，"自我保全的欲求乃是一切正义和道德的唯一根源"[4]。卢梭也认为自然状态中的人"把对保护自己的生存有害的品质称为邪恶，把对保护自己的生存有益的品质称为美德"[5]。所以，"自我保存"当然也是"权利"概念的首要内容：生命健康权。

为保存自我，首先，需要生命和身体完整，免受他人侵害；其次，需要一定的物质财产满足存活需要；再次，有充分的自由，以寻找和获得持续生存以及实现幸福的资源。详言之，第一，生命和身体完整；第二，人人生而

---

[1] 阿巴拉斯特：《西方自由主义的兴衰》，曹海军译，吉林人民出版社2004年版，第42页。

[2] 丹尼尔·贝尔：《资本主义文化矛盾》，赵一凡、蒲隆、任晓晋译，生活·读书·新知三联书店1989年版，第119页。

[3] 列奥·施特劳斯：《霍布斯的政治哲学：基础与起源》，申彤译，译林出版社2001年版，第18页。

[4] 列奥·施特劳斯：《自然权利与历史》，彭刚译，生活·读书·新知三联书店2003年版，第185页。

[5] 卢梭：《论人与人之间不平等的起因和基础》，李平沤译，商务印书馆2007年版，第70页。

平等，任何一个人都不具有处置另一个人的正当权力，所有侵害都是不义；第三，人身、思想和言论自由；第四，拥有财产。

这样，以"自我保存"为中心的欲求及其实现条件，就构成了"自然权利"及后来"权利"的内容要件，并在18世纪政治法律文献中演化为"权利"。1776年的美国《独立宣言》开篇就宣称，我们认为下面所说的，都是自明的真理：一切人生而平等，造物者赋予他们若干不可让渡的权利，其中包括生命、自由和幸福的追求。它最早以政治文件形式肯定了人所享有的固有权利，从而被马克思誉为"第一个人权宣言"。随后1789年的法国《人权宣言》，则第一个完全撕去了"自然权利"最后一点古代伪装，抛弃古代自然正义的最后一点痕迹——"自然"，直接将其公开宣布为不可让渡的、神圣的"权利"。

总之，经由古典自然法学塑造形式、主体和内容等要件后，"权利"这个"伟大的名词"自此诞生。人类历史也由此进入一个"权利时代"，其主要特征就是人欲得以全面解放和释放——人的自由。人之欲望借助近代古典自然法思想的"欲望正义"（权利正义）论获得了充分正当性，"权利时代"即是"（欲望）自由时代"。

（四）权利本位：权利的法律要求

古典自然法学以欲望为根本标准的正义论，在权利诞生后演绎成了以"权利"为中心的正义论。保障权利，就是正义的；危害权利，就是不义的。根据这种"权利至上"的正义论，正义的法就是"保障权利"的法，就是以"人的权利"为价值本位的法。这是"权利至上"（人欲至上）的现代正义理念对法律的根本要求。

这一要求首先是在近代古典自然法学的"自然法"中得以落实的。近代启蒙时期产生的古典自然法学，对古希腊以来的西方自然法思想进行了彻底的变革。其中，最为根本的变化，就是人的权利成为"自然法"的价值重心。这个特点是17世纪和18世纪的自然法观念与中世纪及古典的自然法教诲之间的根本差异。（古代的）人们一提到法律，通常主要是指种种义务，只是在派生意义上才指种种权利。亚里士多德说的"法律所不命令的就是法律禁止的，他这个说法告诉了我们法律的最初含义"[1]。"前现代的自然法学说教导的是人的义务；倘若说它们多少关注一下人的权利的话，它们也是把权利看作本质上是由义务派生出来的。就像人们常常观察到的一样，在17和18世纪的过程中有了一种前所未有的对于权利的极大重视和强调。可以说重点由自然义务转向了自然权利。"[2]"这一区分是政治思想史的一个决定性转折点，它划定了一个从永恒秩序向人、从规范和义务向权利转变的新时代，也赋予自然法论述以个人主义的根本特征……人类通向使自我利益合法化或得以确认的新道路已经开辟。"[3]

不管自然法具体内容如何，其根本目的和价值重心，都是人的欲求。"不存在什么绝对的或无条件的义务……按照自然，世间只存在着一项不折不扣的权利，而并不存在什么不折不扣的义务。"[4]所以，近现代的"自然"法，就是首先维护和实现自然权利的"法"。洛克因而不无激情地宣布："Salus populi srprema lex [人民的福利是最高的法律]，的确是公正的和根本的准则。"[5]

一言以蔽之，近代的"自然法"乃是源自人并服务人的"法"，是以人的"权利"（欲求）为价值本位的"法"。古典自然法学成功地把作为法律之正当性根据的"自然法"，规定为以人的自然权利（权利）为中心目的的一系列法则。"到了美国与法国大革命前夕，自然法理论已经被变成有关自然权利的理论"[6]，它为权利辩护，完全是"一套有关权利的理论"。

由此，权利本位的法律正义论，构成了现代社会的主流法律意识形态。

---

[1] 列奥·施特劳斯：《政治哲学的危机》，李永晶译 // 刘小枫：《苏格拉底问题与现代性》，华夏出版社 2008 年版，第 24 页。

[2] 列奥·施特劳斯：《自然权利与历史》，彭刚译，生活·读书·新知三联书店 2003 年版，第 186 页。

[3] 林国荣：《自然法传统中的霍布斯》// 渠敬东：《现代政治与自然》，上海人民出版社 2003 年版，第 31 页。

[4] 列奥·施特劳斯：《自然权利与历史》，彭刚译，生活·读书·新知三联书店 2003 年版，第 185 页。

[5] 洛克：《政府论》(下篇)，叶启芳、瞿菊农译，商务印书馆1964年版，第97页。

[6] 登特列夫：《自然法：法律哲学导论》，李日章、梁捷、王利译，新星出版社 2008 年版，第 70 页。

它要求，国家法律只有模仿这样的"自然法"，以保障人的权利为目的，才是正义的。为追求和证明自身的正义性，现代国家的宪法和法律，要将在现代正义论中的应然权利（人之普遍欲求）转化为实有权利（现实利益）并以国家强制力做后盾予以有力保障。权利本位之实质，就是"欲求本位"，是"权利至上"（欲望至上）的正义论在法律理论中的落实。

三、"权利时代"的人欲过度膨胀问题

启蒙以降至今，从政治思想到法律理论，"权利时代"俨然已经铺展开来。从西方到东方，从官方到民间，"权利"都是主流的概念话语，人人都"为权利而斗争"来争取自己的利益（欲求）。在法哲学层面上，这意味着千年以来人类历史的一个重大变化——人欲获得了正面评价和正当地位，被堂而皇之奉为圭臬。这无疑是人类历史的巨大进步，但进步之下的晚近百年里也凸显一些尖锐问题。对"权利"观念之"解放人欲"一面的极端主义理解，形成社会中偏激的"权利话语"，造成权利滥用问题突出，私欲极端膨胀，极大污损了"权利"观念之正义性。

（一）违背法律与正义的权利滥用

"权利滥用"（abuse of rights）是"指权利人行使权利的目的、限度、方式或后果有违法律设置权利的本意和精神，或者违反了公共利益、社会利益，公序良俗或普遍之正义情感，妨碍了法律的社会功能和价值的实现。"[1] 自从产生了"权利"概念，"权利滥用"就相伴而生，其产生根源，乃是人性中存在的贪欲和私心。"权利滥用"问题严重侵犯国家、社会或者他人利益，破坏法律秩序，本质上则是违反并损害正义的不义行为。

这可从社会治理领域中比较突出的"控告权滥用"问题，作一管窥。

控告权是我国宪法赋予公民的一项独特救济性权利，体现了我国宪法"保障权利"的社会主义优越性。该权利滥用异为突出，主要表现就是"缠访、闹访"问题，具有明显的不义性。

一是谋取不义私利。公民滥用控告权，其根本动机往往是谋取不当利益。不管是谋取自身利益还是他人利益，所谋求的都是违法或不当的利益。当前，

---

[1] 周旺生：《法理学》，北京大学出版社 2006 年版，第 419 页。

公民为谋取不当利益而滥用控告权的典型表现就是，一些公民没有正当的法律和事实根据，以国家机关及其工作人员存在违法失职行为为名，通过各种方式向上级政府提出控告，借助上级政府带给下级政府的政治压力，从而获得下级政府给予的不当利益。这类控告行为的特点，就是如不能满足该控告人的利益要求，他就会指控有关国家机关存在违法或者失职行为，即使已通过法律程序查清排除该控告理由，还会不依不饶地向上级控告，直到利益要求获得满足。为达到该目的，引起上级国家机关对控告的重视，控告人还会编造控告事实，直接违反宪法和法律"不得捏造或者歪曲事实进行诬告陷害"的义务规定。在对信访的调查中，就会经常发现有些信访者"不诚实"，在信访材料中将问题夸大，或加进一些道听途说无法证实的内容，如官员腐败等，作为促使诉求得到尽快满足的策略。

二是采取不义方式。当然，滥用控告权来谋取不当利益，往往是通过违法或违反社会公德的不义控告方式来实现的。其中，有影响和危害较大的两种方式。

其一，"闹大"式控告，即是指公民通过制造一些产生"道德震撼"或破坏性后果的行为事件来引起社会对其诉求的关注，从而倒逼政府满足其控告要求的行为。根据媒体的报道，这种"闹大"式控告中"闹大"的技术策略或表现形式，包括群体性的集体上访、围攻政府、堵塞交通、打砸抢烧、挟尸等行为，以及个体性的网络发帖、跳楼跳桥、自残、自焚、下跪等极端行为。严格来说，这些"闹大"行为都是反法治的，是违反了诸多法律的（比如《中华人民共和国治安管理处罚法》，甚至是《中华人民共和国刑法》），是对社会稳定秩序的挑战和破坏。其逻辑，就是以反法治和反秩序为名，加大当前政绩考核中社会稳定"一票否决制"给党委政府的压力，由此谋取政府对自身控告需求的满足。它也是力图绕开法定体制，将控告排除在法律体系之外，直接由不具备法定职责的政府来解决和满足，因而它也是反法治的。当前党政系统维护社会稳定的目标管理责任制，是其利用的制度工具。而发达的新媒体，将个别因"闹大"而控告需求获得满足的案例迅速扩散放大，逐渐演化为许多人竞相模仿的"控告行为模式"，成为一种滥用控告权的典型表现形式。

其二，"缠讼"式控告，就是公民以控告司法机关违法失职行为为名，通过各种渠道和手段，无休止要求国家对司法机关生效裁决重新启动审判程序。具体来说，经过司法裁决处理的纠纷当事人（主要是败诉方），因不服法院生效裁决，而以司法机关存在违法失职行为为由，无休止地向上级国家机关提出控告，要求再审。信访或者说是上访，就被作为缠讼式控告的主要途径。因为通过上访，可以将本属于法律的诉求转变为政治诉求，根据相关"涉法涉诉"信访制度，正当地寻求政治权力对司法的法外干预，从而达到提起再审、实现自己利益要求的目的。涉法涉诉信访制度"一面敞开大门，向民众提供一种在法律系统之外解决法律问题的途径，一面为对司法活动的行政性干预提供制度化的正当渠道"。[1]这种缠讼式控告现象，造成的社会、政治和经济成本巨大，已经为官方所关注和重视。

滥用控告权的行为，虽然并非控告行为的主流，却具有极大的危害性。公民滥用控告权的所谓"理由"，实质是一种以"不义对不义，以悲情对无耻，以违法对违法"的扭曲逻辑。一些公民根据这种逻辑，以缠访、闹访等形式滥用控告权，虽然可能一时一事实现了所谓具体的"个殊正义"，但是对国家和社会来说，那更为长远和普遍的正义，却遭受到了根本损害。

第一，削弱国家和法律的权威性、正义性。滥用控告权谋取不义的私利，并采用破坏正义、违反法律的"闹大"和"缠讼"方式，首先让人们看到政府能被要挟而服务于某些人的私利，滥用权利者反而获得更多、更特殊的利益。然而政府本应是服务公共利益的，这就必然降低政府在人们心中的威信和公正性，最终损害国家的公正性和权威性，削弱人们对国家的正义性认同。其次，它们诉诸的都是法律之外的个人权力，期求的是不具法定职责的权力超越法律规定来干预法律运行（特别是缠讼式控告），使得"权力干预法律"的实践日益普遍，以及信"访"不信"法"的反法治观念不断蔓延，直接削弱司法的终极性权威，根本动摇了法律作为国家和社会最高权威的法治地位。

第二，消耗和浪费公共资源，侵害其他公民利益。首先，对控告权的滥用，在迫使政府耗费大量精力和财力满足或者摆平权利滥用者时，从另一个角度来说，也意味着国家依法满足其他公民正当控告要求的资源被大量占用，从而使得依据法律正当控告的公民，失去了大量实现控告的机会，严重影响了

---

[1] 梁治平：《法治在中国：制度、话语与实践》，中国政法大学出版社2002年版，第123页。

他们正当权益的救济。其次，那些不具处理控告法定职责的政府部门，被迫超越法律处理控告的同时，其法定的本来正当职责必然会大量落空而得不到履行，本应用来履行法定职责的权力和资源，被用来处理不当控告上。这样一来，其法定职责所服务的公民，所得服务水平和层次自然大大降低，利益受到损害。最后，政府被迫给予权利滥用人的不正当利益，实质上是来自其他公民的纳税。这些资源本应用于普遍的公共利益，却用于了满足某些公民的私利。这无疑是对其他公民利益的又一次非法剥夺和侵占。

第三，损害社会正义。滥用控告权的"不义对抗不义，以违法对抗违法"逻辑，如若在社会中不断蔓延传播，为更多人所信奉和实施，必然造成不义和违法行为在社会中泛滥，最终受害的是社会正义和社会团结。特别是"闹大"式控告，更是具有极强的负向行为激励和示范效应。它让人们更多地信"闹"不信"法"，因为"大闹大解决，小闹小解决，不闹不解决"。然而，"闹大"行为蕴含的极端、暴力等因素和发展倾向，是对社会正义的致命威胁，如若不断发展和膨胀，最终可能使得社会陷入充满暴戾之气的混乱状态，濒临崩溃之渊。[1]

第四，败坏公民德性。对控告权的滥用，让权利滥用人获得许多不当利益，无疑会让其他公民深受"不良教育"。这种"不良教育"的结果，极大败坏公民德性。一言蔽之，控告权滥用，会加速产生诸如"挟权为私、投机钻营、蔑视法律、迷信权力、崇好暴力、易走极端"等严重威胁正义秩序的不良品性。

由此窥知，权利滥用的背后，实质是权利主体的私欲极端膨胀。而权利滥用多发的背后又有着偏激的权利话语推波助澜。

（二）偏激权利话语加剧权利滥用

首先，权利话语畸度强势，责任话语缺位。还以"控告权滥用"问题为例，当前，维权话语成为舆论甚至学界解释当前所有控告案例的单一垄断性话语，而忽视了虽是少数但却客观存在且危害很大的"缠访、闹访"等滥用控告权现象。这种话语因建立在以权利为本位的现代正义论基础上，就占据了道德制高点，用来解释控告事例，就赋予了控告公民以极大的道德正当性和道德

---

[1] 徐祖澜：《公民"闹大"维权的中国式求解》，《法制与社会发展》，2013年第4期，第35页。

力量。这样,只要高举维权的旗帜,控告人行为无论是否正当合法,都会获得那深深信奉"权利话语"的媒体人,特别是知识人的极大同情和支持。而这些人掌握着巨大的话语权,他们的鼓与呼就具有道德上的强大压迫力量。他们高扬"维护权利"的强大呼声,压倒了法治话语,抛弃了责任话语,逼迫着政府突破法律底线对滥用权利者迁就、让步。然而,他们忽略的是,现代正义论仅仅有权利支撑,是不稳定的,与此伴随的必然要有责任作平衡,"强有力的权利话语并不需要排斥一种相当发达责任语言"[1]。权利话语过度膨胀,会导致人们私欲的狭隘膨胀,形成无政府的混乱,最后甚至会撕裂社会,摧毁现代正义存在的基础载体。舆论对权利鼓吹的同时,却遗漏了对责任的强调,一定程度上刺激着某些公民的贪欲,而形成所谓"谋利型控告"。这种控告权滥用行为,就是典型的缺乏公民责任意识的结果。

其次,法治话语在社会舆论中声小力弱。当有控告案件尤其是具有悲情色彩的闹访、缠访案例被公开后,诸多媒体,特别是微博、博客、论坛等现代网络"新媒体",往往不问甚至罔顾事实和法律,主导着社会舆论一边倒地对不当控告的公民予以极大同情,并积极在道德上声援、证成和支持其违法的权利滥用行为。同时,对相关国家机关予以强烈道德谴责,激起全社会道德义愤,并以"不达目的誓不罢休"的执着,努力将这种社会公愤转化为对政府的巨大政治压力。这种舆论和政治的联合暴力所到之处,压倒一切,无视法律和秩序。最终的结果,往往是某些公民赢了甚至赚大发了,舆论娱乐了,法治却输了,且输得很惨。在这过程中,那极为珍稀的法治话语和理性声音即使出现,也会瞬间即被铺天盖地的骂声所淹没。社会舆论的这种专断暴虐的喜好,或者说排斥法治话语的特点,很快就会被许多人习得和熟练利用。不管是为申诉冤屈,还是谋取私利,某些提出控告的公民就会趋向于千方百计制造"爆点",不管是否违法,甚至是否违背社会公德,只要能引起更多关注,就能激起更大的道德同情。这就如同赌博,因为这种引起关注的行为,对控告人来说毋宁是悲剧,甚至付出生命的代价。特别是那些真心诉冤的人们,在社会舆论和某些政府行为诱导或者逼迫下最终走向一条人生悲剧之路,却仅仅为表达和实现控告,怎能不是社会和国家的巨大悲哀!

---

[1] 玛丽·格伦顿:《权力话语:穷途末路的政治言辞》,周威译,北京大学出版社2006年版,第188页。

(三)权利滥用本质是私欲过度膨胀

在古典自然法学奠定权利之初步基础时,就确立了权利之主要主体实为"个人"(私人),其核心构成为"人欲",二者结合将"权利"之实质内容最终规定为人之"私欲"。

在马克思的批判视野下,发轫于启蒙时期的"权利时代","扯断人的一切类联系,代之以利己主义和自私自利的需要,使人的世界分解为原子式的、相互敌对的个人世界"[1]。"与 citoyen [公民] 不同的这个 homme [人] 究竟是什么人呢?"马克思回答:"不是别人,就是市民社会的成员。"所谓的人权,本质上"无非是市民社会的成员的权力"[2]。"自由是做任何不损害他人权力的事情的权利……这里所说的人是作为孤立的、退居于自身的单子的自由……自由这一人权不是建立在人与人相结合的基础上,而是相反,建立在人与人相分隔的基础上。这一权利就是这种分隔的权利,是狭隘的、局限于自身的个人的权利。"[3]"私有财产这一人权是任意地……同他人无关地、不受社会影响地享用和处理自己的财产的权利……平等……无非就是上述自由的平等,就是说,每个人都同样被看成那种独立自在的单子。"[4]安全呢,安全不过是享有这种利己主义自由的保障。"可见,任何一种所谓的人权都没有超出利己的人,没有超出作为市民社会成员的人,即没有超出作为退居于自身,退居于自己的私人利益和自己的私人任意,与共同体分隔开来的个体的人……把他们连接起来的惟一纽带是自然的必然性,是需要和私人利益,是对他们的财产和他们的利己的人身的保护。"[5]

---

[1] 中共中央马克思恩格斯列宁斯大林著作编译局:《马克思恩格斯全集第三卷》,人民出版社 2002 年版,第 196 页。

[2] 中共中央马克思恩格斯列宁斯大林著作编译局:《马克思恩格斯全集第三卷》,人民出版社 2002 年版,第 182 页。

[3] 中共中央马克思恩格斯列宁斯大林著作编译局:《马克思恩格斯全集第三卷》,人民出版社 2002 年版,第 183 页。

[4] 中共中央马克思恩格斯列宁斯大林著作编译局:《马克思恩格斯全集第三卷》,人民出版社,2002 年版,第 184 页。

[5] 中共中央马克思恩格斯列宁斯大林著作编译局:《马克思恩格斯全集第三卷》,人民出版社,2002 年版,第 184-185 页。

马克思深刻揭示了权利的社会实质是市民社会成员的自利需要和私人利益，"权利"这一权利是自私自利的权利，具有天然的内在局限和异化风险。那就是"私欲过度膨胀"。"权利至上"也易于片面理解为"私欲至上"。从"控告权滥用"问题可以窥见，权利滥用多出于私欲膨胀而严重破坏法律和正义。由此可知，滥用权利的法哲学本质就是"人之欲求的过度"。

四、迈向中道正义的"普遍自由时代"

在亚里士多德看来，"过度"即为"恶"，"中道"才合"正义"。正义即一种中道，是两种极端之间的中道。"公正是一种适度"[1]，"有三种品质：两种恶——其中一种是过度，一种是不及——和一种作为它们的中间的适度的德性。"[2]"世间重大的罪恶往往不是起因于饥寒而是产生于放肆。"[3]追求自身欲求的满足，是人之天性。"自爱"是人之基本欲求，具有自然正当性。柏拉图称之为"必要的欲望"。出于自爱天性的"必要欲望"，决定了每个人都应有正当的"权利"，满足其自爱需求。这是"权利"观念得以生成、存在并被普遍接受的根本人性基础或者说自然正义基础之所在。然而，自爱超过限度，柏拉图称之为"不必要的欲望"，就是不义的"自私"或者贪欲。

所以，"中道正义"意味着人欲必须有所节制，每个人的欲求都应当保持在必要限度内，超过限度即是不义的贪欲。"限制人欲"应是"权利"的题中之义。权利是对人欲既解放又限制的中道规制。显在的限制表现，乃是为卫护普遍人欲（人之积极权利），需要对部分人欲（他人与公权力者的贪欲）时刻保持警惕、对抗和限制，在这种思路主导下，权利体系中才有了消极权利，作为个人对抗他人与公权者贪欲的防卫权。潜在的限制，表现为权利其实还内在包含对私欲的限制，即与权利行使必然相随的义务和责任，只是在当前权利话语的强大声势下，这种限制往往被隐而不见，以致对控告权理解偏狭，所内在的责任和义务成为视野盲区。总之，权利既体现对人之正当欲求的维护和满足，又体现着对人（权利主体和权力主体）之不当欲望的矫正和制约，

---

[1] 亚里士多德：《尼各马可伦理学》，廖申白译注，商务印书馆2003年版，第146页。

[2] 亚里士多德：《尼各马可伦理学》，廖申白译注，商务印书馆2003年版，第53页。

[3] 亚里士多德：《政治学》，吴寿彭译，商务印书馆1965年版，第71页。

最终追求个人利益欲求的平衡与中道，实现中道的正义。人欲的过度膨胀（权利滥用），反而污损了"权利"的伟大，必须予以高度警惕和全面规制。

总之，"权利"这种建构的正义性，就在于它的"中道"品格（对人欲既解放又限制的中道立场，而非片面的"解放人欲"）；其进步性就在于实现人与人之间关系的正义——普遍自由，如马克思所言的："每个人的自由发展是一切人的自由发展的条件。"[1]普遍性是正义的基本特征，普遍的自由才是正义的。康德所毕生致力探究的正义，就是一种自由的普遍性正义法则：任何人有意识的自由行为，按照一条普遍的自由法则，能够和每一个人的意志自由的行为同时共存和相互协调。这是普遍道德法则的绝对命令。纯粹实践理性原理的定理三："一个理性存在者应当将他的准则思想为普遍的实践法则"，纯粹实践理性的基本法则就是："这样行动：你意志的准则始终能够同时用作普遍立法的原则。"[2]而欲实现人与人之间关系的正义和普遍自由，关键是人与人之"欲求"的平衡与中道。

（一）"中道"：权利的精神内核和正义根据

首先，权利是"自我与他人""权利与责任""自由与法律"的中道。"权利"（rights）对个人来说也是一种"权力"（power），一种正当的力量。"滥用权利"就是在专断或暴虐地行使绝对权力。阿克顿曾言："不负责任的权力必定是不受制约的权力"，并呼吁"把绝对权力放到责任的集中营里吧！"[3]这种滥用权利的自由，突破了法律的界限，就不再受法律保护而必然不复存在。"在民主国家里，人民仿佛愿意做什么就做什么……自由是做法律所许可的一切事情的权利；如果一个公民能够做法律所禁止的事情，他就不再有自由了，因为其他的人也同样会有这个权利。"[4]

人是社会中的人，必然要与他人、与群体（社会）发生着关系和联系。

---

[1] 中共中央马克思恩格斯列宁斯大林著作编译局：《马克思恩格斯选集　第一卷》，人民出版社2012年版，第422页。

[2] 康德：《实践理性批判》，韩水法译，商务印书馆1999年版，第31页。

[3] 阿克顿：《自由与权力》，侯健、范亚峰译，译林出版社2011年版，第294-295页。

[4] 孟德斯鸠：《论法的精神》（上册），张雁深译，商务印书馆1961年版，第154页。

因而个人的行为,都必然会对他人和社会产生影响。为保护社会免受个人恣意的侵害,才产生了约束个人的责任和道德,这些都构成维系社会存续的重要纽带。私欲膨胀、滥用权利,是权利主体对自身所应承担责任的背离和抛弃,不仅可能损害了他人正当权利,而且还会危害社会整体利益,破坏社会公德和社会秩序,最终损害"权利的道德基础"。所以,"权利"必然内在要求对"过度私欲"进行合理规制,最终意义上实现人的个体与群体关系的中道与和谐。

其次,权利是"自由与权威""权利与权力"关系的中道。在现代社会,"自由与权威""权利与权力"是既对立又统一的关系。

一方面,"权利滥用"削弱甚至瓦解国家权威,造成"自毁长城"恶果。国家能力多强,权利保障水平就有多高。强大的国家权力和权威是权利存在和实现必需的条件与保障。自由和权利的极端张扬和私欲膨胀,即权利滥用行为,消解国家权力,最终根本上危害权利的保障和实现。没有国家权力的状态就是古典自然法学所谓的"自然状态"。这种状态下,人们虽然应该享有各种自然权利,但实际上面临着诸多现实威胁和危险,甚至连最基本的"自我保存"都难以实现。霍布斯笔下的自然状态,是"每一个人对每个人的战争"状态。洛克认为,人之自然状态因缺少普遍法律和公认裁判者与执行者容易滑向"战争状态"。卢梭则直言:"自然状态中不利于人类生存的种种障碍,在阻力上已超过了每个人在自然状态中为了自存所能运用的力量……人类如果不改变生存方式,就会消灭。"[1]"自然状态缺陷论"毋宁是对以商品经济为基础的"市民社会"中权利生成和实现的悖论或缺陷的理论概括。人人私欲膨胀,极端追求自我权利,很容易陷入"人人为战、人人无权"的共输困局。

为克服或补救自然状态或市民社会这种权利保障缺陷,古典自然法学提出了社会契约论,来建立国家,设立政府。"这一切都没有别的目的,只是为了人民的和平、安全和公众福利"。[2]后来的美国《独立宣言》将古典自然法学的这种理念明白昭告:"为了保障这些权利,人类才在他们之间建立政府……新政府所依据的原理,和用以组织其权力的方式,必须使人民认为这

---

[1] 卢梭:《社会契约论》,何兆武译,商务印书馆1963年版,第19页。
[2] 洛克:《政府论》(下篇),叶启芳、瞿菊农译,商务印书馆1964年版,第80页。

样才最可能达到他们的安全和幸福。"[1]这样,现代"政治社会的功能不是关注公民是否幸福,也不管他们是否能成为亚里士多德所说的那种举止高尚的君子,而是去创造幸福的条件,去保护它们,或用行话来说,要保护人的自然权利。"[2]通过社会契约建立国家后,权利就可以借助国家权力上升为法律权利,从而超越私利局限,获得普遍权威性,就具有了普遍实现的可能性。所以,在现代社会,国家权力是权利获得普遍实现而不可缺少的有效工具。国家权力必须保有充分的权威,才能有效遏制"贪欲"对权利普遍性根基的破坏,这是权利实现的前提。质言之,权利若要实现人的普遍自由,必需国家权力有效限制人之贪婪私欲,实现人与人之欲望关系的中道。

另一方面,"权力滥用"也是权利必须防范的重大敌人。根据现代正义论,人的自由和权利是国家权威和权力的唯一正当目的和根据,因此,国家权威和权力应当切实保障、服务并服从于人的权利和自由;然而,现实历史表明,自人类诞生以来,除却"天灾",国家权力滥用所带来的"人祸"对权利危害最烈。罗素曾云:"一方面,统治是必要的,否则,文明国家就只有很小一部分人能希望活下去,而且还要处于可怜的贫困状态。但在另一方面,有了统治,必然就有权力不平等的现象;权力最大的人就要不顾普通公民的欲望,而利用手中的权力来发展他们自身的欲望。"[3]所以,波普尔才说:"国家尽管是必要的,但却必定是一种始终存在的危险或者(如我斗胆形容的)一种罪恶。"[4]

"权力滥用"的法哲学本质,也是"人之欲望的过度"——贪欲。"说'国家'行使权力是一种转喻的说法:行动的并不是国家,而是由国家的权威赋予特权的人。"[5]国家侵权行为的实质还是人的行为,根源还在于人性。对手中掌控国家权力的人来说,他们不但仍然具备人性之"恶",甚至这些人性之"恶"

---

[1] 登特列夫:《自然法:法律哲学导论》,李日章、梁捷、王利译,新星出版社2008年版,第72页。

[2] 列奥·施特劳斯:《政治哲学的危机》,李永晶译//刘小枫:《苏格拉底问题与现代性》,华夏出版社2008年版,第23页。

[3] 伯特兰·罗素:《权力论》,吴友三译,商务印书馆1991年版,第144页。

[4] 卡尔·波普尔:《猜想与反驳——科学知识的增长》,傅季重、纪树立、周昌忠等译,上海译文出版社1986年版,第500页。

[5] 斯科特·戈登:《控制国家——从古代雅典到今天的宪政史》,应奇、陈丽微、孟军等译,江苏人民出版社2005年版,第11页。

还会被权力所无限放大，做出超越一般人的更大邪恶。基于这一人性根源，"一切有权力的人都容易滥用权力，这是万古不易的一条经验"[1]。"权力导致腐败，绝对权力导致绝对腐败。"[2]"权力必然使占有权力者腐化，这诚然是政治学中一条很好的'规律'。"[3]

因此，"权力滥用"之所以是"权利"必须防范的"重大敌人"，就在于其也是"人（权力主体）之欲望的过度"，违背了中道正义。为保障权利必须对"权力滥用"的防范和治理，就是对"人欲过度"的矫正，就是恢复人欲的中道。所以，权利的良好发展也就是人欲关系的平衡与中道。"自由与权威""权利与权力""国家与公民"关系只有处于一个"中道正义"状态，二者相得益彰而非互相损害，是"权利"存在和发展的前提基础。在充分实现权利的过程中，需要国家权力和公民权利、社会利益与公民权利的中道平衡。不仅国家的权力要受到有效制约和监督，而且人的权利也必然受到限制；不仅要防止和纠正权力滥用，也要防范和规制权利滥用，维护国家必要权威和社会整体利益。

由此来看，国家和公民信守中道的正义，才会社会和谐稳定，国家长治久安，权利普遍发展。如亚里士多德所言："大家既然已公认节制和中庸常常是最好的品德，那么人生所赋有的善德就完全应当以[毋过毋不及的]中间境界为最佳。处在这种境界的人们最能顺从理性。趋向这一端或那一端——过美、过强、过贵、过富或太丑、太弱、太贱、太穷——的人们都是不愿顺从理性的引导的……这样的一个城邦就不是自由人的城邦而是主人和奴隶所合成的城邦了；这里一方暴露着藐视的姿态，另一方则怀抱着妒恨的心理。一个政治团体应有的友谊和交情这里就见不到了。然而世上倘若没有友谊，就不成其为社会。"[4]

"中道"之所以说是权利的精神内核和最终正义目标，乃是因为它是人欲"鼓励、保护和节制、限制"之间的中道平衡。

---

[1] 孟德斯鸠：《论法的精神》（上册），张雁深译，商务印书馆1961年版，第154页。
[2] 阿克顿：《自由与权力》，侯健、范亚峰译，译林出版社2011年版，第294页。
[3] 斯科特·戈登：《控制国家——从古代雅典到今天的宪政史》，应奇、陈丽微、孟军等译，江苏人民出版社2005年版，第2页。
[4] 亚里士多德：《政治学》，吴寿彭译，商务印书馆1965年版，第205-206页。

关键在于，首先，"权利"在现代的生成就是对以往民众基本欲求遭受过度压制之状况的纠偏，是对人欲关系的中道矫正。在那种状况下，民众时常遭受统治者肆意侵害，连基本生存欲求都得不到保障，民权过弱几近没有而公权过强。这是一种"过度"，是违反"中道"、破坏正义的恶。权利本身就体现着对民众正当欲求的扶持和护卫，对统治者贪欲的纠处和矫正。

除此之外，权利还内在包含限制公民欲求的一面，促使公民与公民、公民与社会利益关系的平衡和中道。权利充分释放了人的普遍欲求，与此同时，也带来了相应的社会问题，即人之欲求的过度。欲求过度，即是不正义，在法律层面表现为"权力滥用"和"权利滥用"问题。"权力滥用"是公权者过度欲望所致，防范和克服"权力滥用"是现代政治法律制度的主要问题意识；而"权利滥用"问题则是公民追求欲求的过度所致，往往被掩盖起来，隐而不见。"权利滥用"问题对正义同样具有极大危害，可能会损害人的个体之间、以及个体与群体之间的中道正义。权利所内在的公民义务和责任，就是对公民欲求的限制，就是对公民与公民、公民与社会关系之中道正义的维护与恢复。

"中道"作为权利精神内核和最终正义根据，根本上源于对人性的认识。"人类本质上乃是一种'介于其间（in-between）'的存在物——介于禽兽和众神之间。"[1] 人因分有神性，拥有理性，而获得神圣尊严，具有获得和实现自由权利的资格与能力；同时，人也保有兽性，充满着无限欲望，因而需要节制人欲，才能实现普遍的自由和权利。不主张节制和限制人欲，必然推崇权力专制或者唯个人权利至上。这种观点是对人性的片面认识，对人之神性的过度信赖，对人之兽性的忽略或忽视。历史上那曾经的惨痛教训已使"人们日渐明白，无论流血的社会变革，还是不流血的社会变革，都绝不可能消除人性中的恶。只要有人，就会有恶意，有嫉妒，有仇恨；因此，不可能存在一个不必使用强制规范手段的社会。"[2]

总之，权利所实现的中道正义，内在包含着对人（公权者和公民）之贪

---

[1] 列奥·施特劳斯：《自然权利与历史》，彭刚译，生活·读书·新知三联书店 2003 年版，第 155 页。

[2] 列奥·施特劳斯：《我们时代的危机》，李永晶译 // 刘小枫：《苏格拉底问题与现代性》，华夏出版社 2008 年版，第 6 页。

欲的节制。它以普遍限制各方欲求的方式，来防止任何一方欲求过度而使双方利益关系偏向任何一个极端，使其始终保持一个中道的正义状态。限制与自由是"中道正义"这个硬币的两面，不可分割。诚如列奥·施特劳斯所言："人由于其理性，有着别的世间的存在者所不可能有的选择范围。对于这一自由范围的意识，伴随着另一种意识：对那一自由完全不加限制的使用是不正当的。人的自由伴随着一种神圣的敬畏之心，伴随着一种先见之明：并非一切事情都是可以做的。我们可以把这种由敬畏之心激发起来的恐惧感叫做'人的自然良知'。因此，节制就如同自由一样自然，一样源远流长。"[1]因此"限制对人而言就像自由一样自然……人生来如此，他除了克制自己低下的冲动外就无法达到人性的完满……正义与强制并非水火不容；究其实而论，把正义视为一种仁慈的强制，并非完全错误"[2]。

在古典正义论看来，"正义"绝非"免于强制的自由"，而是一种"仁慈的强制"[3]。这种"仁慈的强制"，在现代社会就是"法治"。所以，权利所追求的普遍自由，必得通过"法治"来实现。

（三）"法治"：保障"权利"迈向"普遍自由"的必由之路

"法治"之所以能保障"权利"通向普遍自由，原因可归结为亚里士多德的两个著名命题。

其一，"法律即是摒绝了欲望的理智"[4]。因此，法律能够从外在有效节制人的贪欲，并且还能培育和提升节制人欲的内在力量——德性，从而维持并实现正义。节制人欲通向正义之过程大概分为三步：第一，节制的前提是人性基本需要或者说正当必要的欲求得到满足，在现代社会即是合法正当的公民权利获得有效尊重和保护；第二，必要条件是外在权威的限制或协助；以

---

[1] 列奥·施特劳斯：《自然权利与历史》，彭刚译，生活·读书·新知三联书店2003年版，第131页。

[2] 列奥·施特劳斯：《自然权利与历史》，彭刚译，生活·读书·新知三联书店2003年版，第134页。

[3] 列奥·施特劳斯：《自然权利与历史》，彭刚译，生活·读书·新知三联书店2003年版，第134页。

[4] 亚里士多德：《政治学》，颜一、秦典华译，中国人民大学出版社2003年版，第110页。

便第三，最终目标，塑造和培育人的内在节制——德性，提升神圣人性，从内在促使人与人关系达至充分的正义。因此，通向正义的关键是第二步，由此步骤，人的德性方能得以提升并成为节制人之贪欲的内在力量；但德性提升所依赖的外在权威即是法律。总之，法律及其要素——强制、权威、权力，对人提升德性并趋向正义非常必要。

其二，"要使事物合于正义（公平），须有毫无偏私的权衡；法律恰恰正是这样一个中道的权衡"[1]。由此，实现"中道"（mean）的正义，其主要手段是法律，方式就是法治（rule of law）。原因如上所述，法律能免除一切私人情欲影响和干扰，是理智的体现，故而能毫无偏私，中道而公正地对待利益关系和处理利益冲突。"这就是人们在有纷争时要去找法官的原因。去找法官也就是去找公正。因为人们认为，法官就是公正的化身。其次，找法官也就是找中间，人们的确有时把法官叫作中间人，因为找到了中间也就找到了公正。所以公正也就是某种中间。"[2]正是在这种意义上，法律被视为判断行为是否正义的首要准则。在古希腊语中，"公正的、正义的"就是"合法的"，引申含义甚至是其同义，"法律代表着正义"的观念由此就延续了下来。

特别是在现代社会，如柏拉图《政治家篇》中的神话故事隐喻，启蒙之后（即神明撒手后），人变得无法无天，忘记传统的法律，变得"野蛮"起来。结果"命运和天生的欲望则再次翻转了宇宙"[3]。出路何在？可供人们借鉴的，就是柏拉图很早就提出的两种方案：一是神明重新操起船舵（《理想国》）；二是人类通过法律来模仿神明，回归神圣（《法律篇》）。然而，历史一再证明孔子的感叹："圣人，吾不得而见之矣；得见君子者，斯可矣。"（《论语·述而》）根据亚里士多德的"中道"人性论，人毕竟不是神，而是介于神—兽之间的存在（an "in-between" being——between the brutes and the gods），永远无法摆脱兽性。那么神明的统治在现实中终究是不存在的，人类亦唯有模仿神明的智慧进行统治。法律是一种理智的技艺，是对神明纯粹理智的模仿，所以"法治"是对智慧统治之最佳政体的模仿。只有当人追随神明的踪迹而为人类社

---

[1] 亚里士多德：《政治学》，吴寿彭译，商务印书馆1965年版，第169页。

[2] 亚里士多德：《尼各马可伦理学》，廖申白译注，商务印书馆2003年版，第138页。

[3] 程志敏：《宫墙之门：柏拉图政治哲学发凡》，华夏出版社2005年版，第139页。

会建立起法律的时候，人回归神圣之旅，才真正开始起航。"法治"是次一位的最佳统治方式。"谁说应该由法律逐行其统治，这就有如说，惟独神祇和理智可以行使统治；至于谁说应该让一个个人来统治，这就在政治中混入了兽性的因素。"[1]实行"法治"，就是人类追求正义的"第二次起航"。

由此来看，权利所最终追求的中道正义和普遍自由，唯有通过法治才能充分实现。唯有厉行法治，方能从根本上限制公权者的贪欲，治理"权力滥用"；厉行法治，才能约束公民贪欲，防止"权利滥用"，有效使人与人欲望的和谐共存，使得权利实现的自由更具普遍性。同时，也要求现代法律必须在各自欲求利益关系上，坚守一种"中道正义"立场，不偏不倚，持中守正。

五、结语

为矫正"古代只有少数人欲求得以满足而多数人被普遍压抑"的极端状态，近代以来的人类文明发展出了"权利"概念，由此，人欲张扬，普遍性大大拓展，"少数人滥用权力、专享欲望"的不义格局被颠覆，是人类历史的破天荒创举和壮举。"人人得享权利"的应然目标，使得人类整体获得了生存发展的基础条件，为人的自由全面发展奠定了坚实基础，创造了重要积极条件。未来共产主义之"普遍自由"，必得在"权利"充分发展并扬弃的基础上实现，因此，权利的"初心使命"就是矫正人欲关系的极端、构建普遍自由的中道。

然权利的初衷虽是让人人获得全面自由发展、得享"伟大尊严"，但权利被滥用、人欲过度膨胀、私欲至上，最终可能导致一种道德危险：本为提升人的尊严，结果人却实际被降为了禽兽，丧失了人之尊严。这也是一种违背"中道"理念的不正义状态，反而污损了"权利"的伟大和人的伟大。人因分有神性，拥有理性，而获得神圣尊严，具有获得和实现自由权利的资格与能力；同时，人也保有兽性，充满着无限欲望，因而需要节制人欲，才能实现普遍的自由和权利。不主张节制和限制人欲，是对人之神性的过度信赖、对人之兽性的忽略或忽视，必然导致权力专制和私欲至上。

综上，"权利"这种建构的正义根基，就在于其处理纷繁复杂"人欲关系"的"中道"立场。徐显明先生曾言，"权利规范政府，但并不削弱权威"，"权

---

[1] 亚里士多德：《政治学》，吴寿彭译，商务印书馆1965年版，第169页。

利张扬个性,但并不鼓励放纵","权利尊重理性,但并不拒绝传统","人权尊重普适价值,但并不排斥特殊国情"。[1] 这一语深刻道出了"权利"的内在"中道"品格。

---

[1] 齐延平:《人权研究·第16卷》,山东人民出版社2016年版,序言第4页。

第五章
古典自然法学对现代权利主体的塑造

个人是现代"权利"及"人权"概念的首要主体,其生成和塑造进程早在中世纪基督教思想中就已经启动,到近代启蒙时期获得快速推进,并在古典自然法学中获得了圆满终结。古典自然法学以其"自然状态"理论,全方位塑造了现代"权利主体"——独立自主而充满理性的个人,为"权利"观念的形成奠定坚实基础。形成现代"权利"概念,需要具备两个基本条件:一是作为权利主体的个人诞生和突起;二是作为权利内容的人欲(利益)成为可追求的正当目的。经过长期的思想积累,到了近代启蒙运动时期,这两个条件都获得了充分论证。特别是作为权利主体的"个人",终于在古典自然法学中得以塑造生成,为现代权利及人权概念的生成奠定了前提性基础。

在古代自然正义论或中世纪神义论(theodicy)下,人都处于一个宏大的宇宙等级体系中,不仅要服从形而上学的自然或上帝的理性法则,在经验世界中也当服从国家统治权力,人的主体性备受压制,作为权利主体的独立个人无从形成。对近代的西方人来说,彻底解放人,就是要去掉束缚在人身上的三重枷锁:自然—上帝—国家。

从思想史的发展历程来看,个人是伴随"人"的突起或解放进程而诞生的。而人的解放,则是一个长期的宏大历史过程,其思想史上的明显起点可以追溯到14世纪意大利的一场文艺复兴(The Renaissance,意大利语为Rinascimento,由 ri-"重新"和 nascere"出生"构成)运动。但之前的法律思想,就已经为该历史进程积下许多有益的思想基础。

一、阿奎那:贬低"自然",抬高"人"

在中世纪托马斯·阿奎那的自然法理论中,自古希腊亚里士多德开始就一直作为古代西方主流正义思想的自然正义论,就被施以了根本上的改造,从而使得自然正义思想发生重大变革。

第一,"人与自然"关系发生了重大变化。"自然"被降低为与人一样的上帝造物,而"人"则被上帝选作自然万物的统治者,因为人是唯一模仿神之形象和样式并且唯一有理性的造物,而自然则是由无智和无知的万物构成。阿奎那依据智力和知识把人及自然万物分为三个等级类别,其中,人是唯一有智力的,是最高级;动物完全没有智力,但有些知识,处于次级;植物及其他一切物都既无智也无知,处于最低级。"人具有某种程度的智力,天意要使根本缺乏智力的禽兽服从人的支配。所以神说，'我们要照着我们的形象、按照我们的样式造人'——这是就他们的智力方面而言——'使他们管理海里的鱼、空中的鸟、地上的牲畜和全地'(《创世纪》，第一章，第二十六节)。禽兽虽然没有智慧，却还有点懂事，因而天意就把它们安排在植物和其他一切无知识的东西之上。所以神说，'看哪，我将遍地上一切结种子的菜蔬和一切树上所结有核的果子，全赐给你们作食物：并且也赐给地上的走兽作食物'(《创世纪》，第一章，第二十九至三十节)。至于那些完全无知的东西，则只要一种东西的产生效果的能力比较大，它就比另一种东西优越。"[1]

第二，对"自然法"含义作了颠覆性改造。自然法不再来源于自然，而是来源于体现神之理性的永恒法，是作为理性造物的人对永恒法的分有。阿奎那这样解释"永恒法"，"宇宙的整个社会就是由神的理性支配的。所以上帝对于创造物的合理领导，就像宇宙的君王那样具有法律的性质……这种法律我们称之为永恒法"[2]。"这种理性动物之参与永恒法，就叫做自然法……所以，显然可以看出，自然法不外乎是永恒法对理性动物的关系"[3]，其本质上是人所专有的自然理性，"我们赖以辨别善恶的自然理性之光、即自然法，不外乎是神的荣光在我们身上留下的痕迹"[4]。因此，登特列夫批注这句话时提醒读者，"第一个值得注意的是他把自然法视为人之尊严与能力之表现"[5]。换言之，自然地位下降，自然低于了人，它不仅是被动受主体作用的客体和对象（是上帝的造物，人管理和享用的对象），而且是没有了理智和心灵的无智无知之事物群体；同时，人的地位上升，人高于自然，是自然的管理者和享用者，因为"在所有的'造物'之中，人是惟一受命在知性上与行动上去

---

[1] 托马斯·阿奎那：《阿奎那政治著作选》，马清槐译，商务印书馆1963年版，第97-98页。

[2] 托马斯·阿奎那：《阿奎那政治著作选》，马清槐译，商务印书馆1963年版，第106页。

[3] 托马斯·阿奎那：《阿奎那政治著作选》，马清槐译，商务印书馆1963年版，第107页。

[4] 托马斯·阿奎那：《阿奎那政治著作选》，马清槐译，商务印书馆1963年版，第107页。

[5] 登特列夫：《自然法：法律哲学导论》，李日章、梁捷、王利译，新星出版社2008年版，第43页。

参与宇宙之理性层面者。他受命作出此参与，因为他有理性的天性。理性是人的本质，是助成他的伟大的神圣火花……人被认为具有一个独一无二的地位——他既是上帝的从属，又是他的合作者"[1]。所以，登特列夫认为，阿奎那的自然正义论可"被极其恰当地形容为'基督教人文主义'"。阿奎那的这一降一升，开启了"自然"被客体化、对象化的贬降历史，与此伴随的是人之主体地位的突起。

把"自然"作为人之理性的认识对象，是始于古希腊早期的悠久自然哲学传统，而且这种自然哲学正是古代自然法思想的哲学基础。到了神权统治的中世纪，经院哲学体系"并不排除对自然的认识，但这种认识一开始就被限制在固定的圈子里"。卡西勒解释这种经院哲学对"认识自然的限制"说："认识'自然'就等于认识被创物。说它是认识，只不过是说它能认识有限的、被创的、依附的存在。这种认识的全部内容，仅仅是有限的感觉对象而已。因此，这种认识在主观和客观两个方面都受到限制。"[2]这种人类理性认识自然得来的知识体系，就是与"神恩王国"相对的"自然王国"。但"神恩王国并不否定自然王国……'神恩并不否定自然，而是使之完美'（gratia naturam non tollit, sed perficit）"。卡西勒指出，在中世纪，"信仰与知识、启示与理性不见得非得是对立的。经院哲学的各大体系，就把调和这两者，并且按它们的内容使它们和谐一致视为自己的主要任务。"[3]"这是因为'自然之光'不再包含任何现实真理；它昏暗不明，并且不能凭自身的努力恢复光明"。"与其说'自然'是一堆既定对象，不如说它是知识的'视野'，知识所及的实在的视野……通过感知，并辅之以逻辑判断和逻辑推论以及悟性的运用，我们就能认识自然王国。"[4]由此，中世纪神学自然观又增加了一个内容：自然从古希腊的自主自足的真理之源和正确（right）之根据，降为了不自足的源于

---

[1] 登特列夫：《自然法：法律哲学导论》，李日章、梁捷、王利译，新星出版社2008年版，第43-44页。

[2] E·卡西勒：《启蒙哲学》，顾伟铭、杨光仲、郑楚宣译，山东人民出版社1988年版，第37页。

[3] E·卡西勒：《启蒙哲学》，顾伟铭、杨光仲、郑楚宣译，山东人民出版社1988年版，第37-38页。

[4] E·卡西勒：《启蒙哲学》，顾伟铭、杨光仲、郑楚宣译，山东人民出版社1988年版，第37页。

人类理性的"知识视野"。上帝（理性与启示）取代了自然是唯一的真理之源和正确、正当、正义的最终根据。因此，中世纪的正义论实为一种神义论（theodicy）。

在经院哲学的承认和鼓励下，人类认识自然的一贯目的，乃是"在自然规律中找到自然中的神性的迹象"，从而证明上帝的伟大和全能。所以，在神权统治下的中世纪，关于自然的认识和知识获得了稳定甚至快速的发展。到文艺复兴时期，以哥白尼、布鲁诺、开普勒、伽利略、斯宾诺莎、牛顿、莱布尼茨等为代表的自然探索者，依凭人类的理性，不仅在认识自然规律方面取得了巨大成就，更形成了或者创立了一套独立于上帝启示之外的真理体系——自然科学和新自然哲学，甚至基本确立了影响至今的"科学＝真理"先在观念或者迷信。柯林伍德这样评论近代以来现代人对该观念的迷信："这门新的物理学被公认为人类智慧真实可靠的结晶，可能是自希腊人发明了数学以来人类历史上最伟大最可靠的进步。如同柏拉图时期的希腊哲学最为重视数学，并视之为既定的事实，因而不问它是否可能，而问它如何成为可能的一样，十七世纪以来的现代哲学把重视物理学作为它的首要任务，承认由伽利略、牛顿和他们的继承者直到爱因斯坦为人类所获得的知识是真实的知识，不问这个量的物质世界是否可知，而是问为什么可知。"[1]

更为关键的是，这种新自然哲学彻底将自然贬降为了"一个僵死的物质世界，范围上无限且到处充满了运动，但全然没有质的根本区别，并由普遍而纯粹量的力所驱动"。[2]这样，"人们可以用一把干草权子来驱逐自然"[3]，"自然被贬低为纯粹的感觉材料或质料，它的所有形式和法则都是人的创造；'人为自然立法'（康德），而不是自然为人立法"[4]。遭受驱逐和贬降的自然再也无力、更无资格作为超越于人之上的正义根据，古希腊时期形成的"目的论

---

[1] 柯林武德：《自然的观念》，吴国盛、柯映红译，华夏出版社1998年版，第123页。

[2] 柯林武德：《自然的观念》，吴国盛、柯映红译，华夏出版社1998年版，第123页。

[3] 列奥·施特劳斯：《自然权利与历史》，彭刚译，生活·读书·新知三联书店2003年版，第206页。

[4] 吴增定：《有朽者的不朽：现代政治哲学的历史意识》//渠敬东：《现代政治与自然》，上海人民出版社2003年版，第257页。

的自然和宇宙观到17世纪便决定性地为机械论的自然和宇宙观所取代"[1]。

17世纪的英国诗人德莱顿（1631—1700年）的一个作品就充分表达了当时人的自然观念或者人在自然面前如上帝般的主人姿态：

从和谐的氛围中，
从天堂般和谐氛围中，
这一世界的图景开始了：
当自然在麇集着的不协调的原子下匍匐着，
当它无力抬起它的头颅，
一个悦耳的声音从高处飘临：
起来吧，你是一个生命。
于是，寒冷、温热、潮湿、干旱
催促着生命按照音乐的节律向前发展。
从和谐的氛围中，
从天堂般的和谐氛围中，
这一世界的图景开始了：
从和谐到和谐，
它踏着每一个音符，
走完了通向人类的美满历程。

——德莱顿（1687年）[2]

古今自然观的取代和替换为后来启蒙时期正义论的古今转换铺垫了前提条件，启蒙思想大师孟德斯鸠在其大著《论法的精神》开篇就首先肯定了现代的自然观，"我们的世界是由物质的运动形成的，并且是没有智能的东西，但是它却永恒地生存着。所以它的运动必定有不变的规律"[3]。以此以"运动

---

[1] 林国荣：《自然法传统中的霍布斯》//渠敬东：《现代政治与自然》，上海人民出版社2003年版，第23页。

[2] 韦恩·莫里森：《法理学：从古希腊到后现代》，李桂林、李清伟、侯健等译，武汉大学出版社2003年版，第77页。

[3] 孟德斯鸠：《论法的精神》（上册），张雁深译，商务印书馆1961年版，第1页。

的自然观"为基础,霍布斯受伽利略运动学理论影响,将自然正义论改造成为"运动权利论",建立起作为真正政治科学(scientia civilis)的"政治物理学"(Staatphyzik)。所以列奥·施特劳斯就说:"现代自然科学、非目的论的自然科学崛起了,并且从而摧毁了传统自然权利论的基础。"[1]

总之,通过对自然的不断"贬低",从中世纪的阿奎那自然法思想到近代启蒙运动的古典自然法思想,完全颠覆和改变了自古希腊以来的"自然法"含义。"自然法"之作为权威根据的"自然",其实质内容从丰富而宏大的"包含整个宇宙并具有理性和目的的生命机体",变换为单薄纯粹的"人之理性",直至"人自身"。换言之,到近代,"人"已经取代"自然",成为"自然法"的根据。近代自然法,本质已非"自然"法,而是"人"法。

二、启蒙运动:驱逐"上帝",凸显"人"

阿奎那认为,自然法是作为理性动物的人对上帝永恒法的分有,即是人之理性与上帝理性的结合。那么到近代,"自然法"若要成为纯粹的源自"人"的法,就必须消解"上帝"这个障碍。故而,人追求解放的步伐,踏过"自然"之门槛后,接着就指向了驱逐上帝的目标。

(一)近代自然科学:人彻底征服自然

近代自然科学延续阿奎那的指向,以自然为征服和控制对象,发展突飞猛进,终以摧枯拉朽之势解构和贬降了自然。由此,人之理性的巨大能力让人获得了空前的自信,因为人通过理性发现了一套不同于上帝启示真理的新真理体系——自然真理。

卡西勒就认为这主要是伽利略的功劳:"教会不能容忍的、威胁教会的真正基础的,乃是伽利略宣告的新的真理概念。与启示的真理一起,现在出现了一种独立的、新奇的自然真理……它不以《圣经》中的证据或传统为依据,而是我们时时可以看见的。但是……单纯字词不能表达自然真理;唯有数学构图、图形和数字,才能恰当地表达自然真理……《圣经》中的启示决不可能这样鲜明、清晰和精确,因为字词本身总是多义的、含混的,可以有

---

[1] 列奥·施特劳斯:《自然权利与历史》,彭刚译,生活·读书·新知三联书店2003年版,第169页。

各种各样的解释……反之，在自然中，宇宙的整个计划是以其不可分割、不可移易的统一性呈现在我们面前的，它显然是在等待人类理智去认识它、表述它。"[1] 自然真理之所以是唯人所能认识的不同于启示的真理，原因如伽利略指出的那样"它是用数学语言写成的，字母是三角形、圆以及其他几何图形，没有这些，人类将一个字也读不懂"[2]。伽利略所发现的"自然真理"是如此悖逆"启示真理"，以致惨遭宗教法庭刑讯而被迫忏悔道："我跪在尊敬的西班牙宗教法庭庭长面前。我抚摸着《福音书》保证，我相信并将始终相信教会所承认的和教导的东西都是真理。我奉神圣的宗教法庭之令，不再相信也不再传授地球运动而太阳静止的虚妄理论，因为这违反《圣经》。然而，我曾写过并发表了一本书，在书中我阐发了这种理论，并且提出了支持这种理论的有力根据。因而我已被宣布为涉嫌信奉邪说。现在，为了消除每个天主教徒对我的应有的怀疑，我发誓放弃并诅咒已指控的谬见和邪说、一切其他谬见和任何违背宗教教导的见解。我还发誓，将来我永远不再用书面或者口头发表可能使我再次受到怀疑的言论。"忏悔结束后，伽利略转而就喃喃自语："可是，地球是在运动。"他的执拗，意味着"上帝"的绝对真理权威已经遭到无可挽回的动摇。

于是，在人类强大的理性面前，一切权威在近代启蒙思想中都遭受质疑。正如恩格斯所言："在法国为行将到来的革命启发过人们头脑的那些伟大人物，本身都是非常革命的。他们不承认任何外界的权威，不管这种权威是什么样的。宗教、自然观、社会、国家制度，一切都受到了最无情的批判；一切都必须在理性的法庭面前为自己的存在作辩护或放弃存在的权利。"[3] 那么，上帝的权威最终也不例外。在自然真理或自然法则（natural laws）面前，上帝也不再是全能的、万能的。自然虽已被贬降，但自然理性或自然法的客观、必然和超然特性却被保留下来，作为在自然王国中挤赶上帝的工具。后来近代

---

[1] E·卡西勒：《启蒙哲学》，顾伟铭、杨光仲、郑楚宣译，山东人民出版社1988年版，第40-41页。

[2] 柯林武德：《自然的观念》，吴国盛、柯映红译，华夏出版社1998年版，第113页。

[3] 恩格斯：《社会主义从空想到社会的发展》//中共中央马克思恩格斯列宁斯大林著作编译局：《马克思恩格斯选集 第三卷》，人民出版社2012年版，第775页。

的古典自然法思想，承继了古代自然法在形式上的超越和绝对特性，孟德斯鸠就说："从最广泛的意义来说，法是由事物的性质产生出来的必然关系。"[1]然而它对自然法的实质内容进行了根本改换，以旧瓶装新酒、偷梁换柱的方式，构建了新的自然法或自然理性，作为论证现代正义论的自明而绝对的权威根据。

（二）近代启蒙哲学：人为世界之主

自然科学巨大成就在人们思想中激起的巨大亢奋，很快就蔓延到了哲学领域。法国启蒙哲学家达朗贝尔在《哲学原理》开篇就展现了这种由自然科学激起的思想"亢奋"："自然科学一天天地积累起丰富的新材料。几何学扩展了自己的范围，携带着火炬进入了与它最邻近的学科——物理学的各个领域。人们对世界的真实体系认识得更清楚了，表述得更完美了……一句话，从地球到土星，从天体史到昆虫史，自然哲学的这些领域中都发生了革命；几乎所有其他的知识领域也都呈现出新的面貌……一种新的哲学思维方式的发现和运用，伴随着这些发现而来的那种激情，以及宇宙的景象使我们的观念发生的某种升华，所有这些原因使人们头脑里产生了一种强烈的亢奋。这种亢奋有如一条河流冲决堤坝，在大自然中朝四面八方急流勇进，汹涌地扫荡挡住它去路的一切……于是，从世俗科学的原理到宗教启示的基础，从形而上学到鉴赏力问题，从音乐到道德，从神学家们的烦琐争辩到商业问题，从君王的法律到民众的法律，从自然法到各国的任意法……这一切都受到了人们的讨论和分析……人们头脑中的这种普遍的亢奋，其产物和余波都使人们对某些问题有新的认识。"[2]

首先是培根（Francis Bacon，1561—1626年），他沿袭关注自然现象的个人偏好而认为哲学也因此应完全局限于自然研究，感官和经验是获得真理的源泉。他说："钻求和发现真理，只有亦只能有两条道路。一条道路是从感官和特殊的东西飞跃到最普遍的原理，其真理性即被视为已定而不可动摇……

---

[1] 孟德斯鸠：《论法的精神》（上册），张雁深译，商务印书馆1961年版。
[2] 达朗贝尔：《哲学原理》，见《文学、历史和哲学文集》新版6卷本，阿姆斯特丹1759年版第4卷，第3-6页。转引自，E·卡西勒：《启蒙哲学》，顾伟铭、杨光仲、郑楚宣译，山东人民出版社1988年版，第1-2页。

另一条道路是从感官和特殊的东西引出一些原理，经由逐步而无间断的上升，直至最后才达到最普通的原理"[1]，尽管"上述两条道路都是从感官和特殊的东西出发，都是止息于最高普遍性的东西；但二者之间却有着无限的不同。前者对于经验和特殊的东西只是瞥眼而过，而后者则是适当地和按序地贯注于它们"[2]。人因此而获得了巨大力量或权力（power），因为"知识就是力量、就是权力（power）"，"人类知识和人类权力归于一"[3]。所以培根宣称："如果有人力图面对宇宙来建立并扩张人类本身的权力和领域，那么这种野心（假如可以称作野心的话）无疑是比前两种较为建（健）全和较为高贵的。而说到人类要对万物建立自己的帝国，那就全靠方术和科学了。"[4]知识赋予人类如此大的力量，以至培根就认为"自然和人的王国"中"人就是人的上帝"，直接质疑上帝的权威。所以他拒绝传统的形而上学讨论，而只让教义去谈论神性以及超自然的命运。总之，培根推翻了经院哲学在科学方法论上的支配地位，成为了英国经验主义传统的先驱。

不久法国人笛卡尔（Renè Descartes，1596—1650年）也对近代自然科学获得极大成功的哲学方法进行一番深深沉思后，得出启发性结论：普遍怀疑才是人获得确定知识的前提。笛卡尔以不妥协的怀疑主义立场说："除了清楚分明地呈现在我心里、使我根本无法怀疑的东西以外，不要多放一点别的东西到我的判断里。"[5]彻底的怀疑是为了寻找确定性的源泉——那确定性真理所建基的阿基米德绝对支点。最终怀疑之剃刀到达自我意识的根部："我思故我在"，停了下来。只有"我在怀疑一切"这一点是无可怀疑的，其他任何事物都是可质疑的，唯一确定的是我对自身存在的意识，即我是理性和理智。自我，就是那确定的绝对支点。以此支点出发，推理演绎得出的知识才是确定的知识。我通过直观得出天赋观念——上帝观念——上帝存在——世界存在。比如推出了上帝存在的确定性：我心中有的无限实体的观念，只能来自一个比我更完满的东西——神。总之，他在哲学中将怀疑主义方法运用到极

---

[1] 培根：《新工具》，許宝骙译，商务印书馆1984年版，第12-13页。
[2] 培根：《新工具》，許宝骙译，商务印书馆1984年版，第13页。
[3] 培根：《新工具》，許宝骙译，商务印书馆1984年版，第8页。
[4] 培根：《新工具》，許宝骙译，商务印书馆1984年版，第113页。
[5] 笛卡尔：《谈谈方法》，王太庆译，商务印书馆2000年版，第16页。

致,最终确立了"自我"及其理性是一切确定性知识(哪怕是"上帝存在"的知识)的绝对基础和出发点,确立了人在经验世界中的唯一主体地位。

而在政治哲学领域,意大利的政治思想家马基雅维利(Niccolò Machiavelli,1496—1527年),早在这些哲学家们之前,就已经尝试在使政治哲学摆脱神学束缚,将培根所谓的经验和笛卡尔所谓的理性作为政治哲学的根基,首倡以世俗人的眼光观察国家。马克思曾在《〈科隆日报〉第179号的社论》一文中评价马基雅维利对近代世俗主义的政治哲学开创之功:"先是马基雅弗利、康帕内拉,后是霍布斯、斯宾诺莎、许霍·格劳秀斯,直至卢梭、费希特、黑格尔则已经开始用人的眼光来观察国家了,他们从理性和经验出发,而不是从神学出发来阐明国家的自然规律,就像哥白尼并没有约书亚命令太阳停止在基遍、月亮停止在亚雅仑谷而却步不前一样。"[1]马基雅维利对世俗政治现象的经验观察后,"用魔鬼的手"写下结论:人才是人世事务的真正主导者。在人世事务领域,马基雅维利将上帝等同于了命运,或者说,上帝被降低为命运了。他说:"我认为,正确的是:命运是我们半个行动的主宰,但是它留下其余一半或者几乎一半归我们支配。"[2]不仅如此,命运最后还可以,也必然且应当被人征服。马基雅维利就如是告诫君主:"命运之神是一个女子,你想要压倒她,就必须打她,冲击她。人们可以看到,她宁愿让那样行动的人们去征服她,胜过那些冷冰冰地进行工作的人们。因此,正如女子一样,命运常常是青年人的朋友,因为他们在小心谨慎方面较差,但是比较凶猛,而且能够更加大胆地制服她。"[3]所以,最终来说,人世事务根本上还是由人自己来主导的,人才是政治世界的根本主体。实质上,上帝已经失去对政治的主宰权,已经被驱逐出政治领域,最多仅保留颜面上的"半个主权"而已。马基雅维利确立了近代政治哲学的世俗主义基本原则。这个世俗主义原则,意味着政治哲学关注的中心问题是"人实际上怎样生活"。自此,他就与关注"人应该怎样生活"的古代政治哲学实现了彻底决裂,列奥·施特劳斯认为,"近代政治哲学创始人"的殊荣,应该归于马基雅维利。因为最终,

---

[1] 马克思:《〈科隆日报〉第179号的社论》//中共中央马克思恩格斯列宁斯大林著作编译局:《马克思恩格斯全集》(第1卷),人民出版社1995年版,第227页。

[2] 尼科洛·马基雅维里:《君主论》,潘汉典译,商务印书馆1985年版,第117页。

[3] 尼科洛·马基雅维里:《君主论》,潘汉典译,商务印书馆1985年版,第120页。

霍布斯进一步推进了马基雅维利的政治哲学原则，将上帝彻底驱逐出了世俗社会和政治领域。

三、古典自然法学完成对"个人"的塑造

（一）上帝被彻底驱离世俗政治

上帝和自然遭贬斥和驱逐的过程，也就是人的解放和凸起的过程。其实，近代西方启蒙思想对自然和上帝的革命没有逻辑清晰的先后顺序，自然遭贬降的过程，也基本是上帝被驱逐的过程。这是一个"一石二鸟、一箭双雕"的精明策略，即让"古代和基督教相互厮打"，鹬蚌（自然和上帝）相争而渔翁（人）得利。详言之，即是充分利用"古代自然"与"中世纪上帝"的抵牾和对立，以神学的上帝打压和贬降自然的同时，又以复兴古代思想为名借助自然理性驱逐上帝。在自然与上帝激烈争斗并两败俱伤之际，人却异军突起，其地位和能力得到了极大提升。

古典自然法学的早期代表人物霍布斯，较早洞悉了这种精明的思想革命策略，并将其运用到了极致。他的《利维坦》一书共分为四个部分，前两个部分"论人类"和"论国家"，借用了基督教神学（尤其是中世纪晚期的唯名论）的唯上帝意志至上论，打掉了亚里士多德的古代宇宙论和自然观，突出了上帝创造对自然的优先性，完全消除了"自然"这个妨碍人之解放的障碍。后两个部分"论基督教体系的国家"和"论黑暗的王国"，则又以古代的自然理性消解了基督教和上帝的超验色彩，把基督教的彼岸世界、救赎和信仰还原为世俗的政治问题，清除了"上帝"这个妨碍人之解放的障碍。

概言之，霍布斯在世俗政治领域驱离上帝的过程大概分为两步。

第一步，借助中世纪晚期的基督教唯名论，霍布斯把上帝的本质特征归为任意的、武断的和不可抗拒的权能和意志。"使人遭受苦难的权利却并不永远来自人们的罪，而是来自上帝的权力。关于为什么恶人往往得福而好人反倒遭祸的问题……正和我们关于上帝究竟是根据什么权利降祸福于今世的问题相同"，比如"约伯自己虽然守正不阿，但却遭受了许多苦难，他是怎样急切地和上帝争议啊？在约伯的问题上，这一问题是由上帝自己决定的；其理由不是根据约伯的罪，而是根据自己的权力提出的"，对约伯的无罪辩护，"上

帝便亲自答复这一点，并以'我立大地根基的时候你在哪里呢'"[1]来解释。这表明，上帝只有权力意志，不存在什么神圣理性，也不存在由上帝理性主导形成的永恒秩序。因而人的理性不可能理解上帝，"我们对于上帝是什么完全不能理解，而只知道上帝存在"[2]，上帝是不可知的。霍布斯认同唯名论的观点，有关上帝的观念，是属于超自然的信仰范畴。"哲学就是根据任何事物的发生方式推论其性质、或是根据其性质推论其某种可能的发生方式而获得的知识，其目的是使人们能够在物质或人力允许的范围内产生人生所需要的效果……任何人通过超自然的启示所知道的东西也不能称为哲学，因为这不是通过推理获得的。根据书籍的权威进行推理而得到的知识也不是哲学，因为这不是从原因推论结果、也不是从结果推论原因所得到的，因之便不是知识而只是信仰。"[3]霍布斯和后来康德所做的一样：他完全架空了信仰，将之归于不可知领域，以此为人的理性留下了自创自决的广阔空间。

第二步，猛烈批判代表上帝统治世俗社会的权威——教会体系，对其世俗统治正当性釜底抽薪。如前所述，超自然的上帝既非人之理性认知的哲学范畴，而属不可知的信仰领域，那么任何探知上帝的企图都是一种虚妄的迷信。霍布斯斥之为"空虚的哲学和神怪的传说"，它们产生于人们对自然的无知，是掩饰这种无知的字眼。"许多时候，他们把自己的无知当成自然事件的原因，只是用其他的字眼掩饰起来……同样，他们还把许多结果归之于神秘的性质；所谓神秘的性质——就是他们自己弄不明白、因而认为旁人也弄不明白的性质……如果这种形而上学和物理学还不是虚幻的哲学，那就没有任何虚幻的哲学存在了。"[4]在霍布斯看来，歪曲运用亚里士多德形而上学解释神学的经院哲学，就是这种虚妄迷信的理论代表。先是犹太摩西律法学派"通过自己在会堂中的讲演和辩论……变成了一套关于上帝和灵的不可思议的、

---

[1] 霍布斯：《利维坦》，黎思复、黎廷弼译，杨昌裕校，商务印书馆1985年版，第279-280页。

[2] 霍布斯：《利维坦》，黎思复、黎廷弼译，杨昌裕校，商务印书馆1985年版，第310页。

[3] 霍布斯：《利维坦》，黎思复、黎廷弼译，杨昌裕校，商务印书馆1985年版，第537-538页。

[4] 霍布斯：《利维坦》，黎思复、黎廷弼译，杨昌裕校，商务印书馆1985年版，第550页。

虚妄的哲学"，而后经院派把亚里士多德的形而上学"当成超自然哲学的各卷书……这种形而上学和《圣经》混杂在一起，形成了经院学派的神学"[1]。而教士们为了自己的利益和权力而对这种迷信大肆宣扬和扩大，形成了一个由教士、教权和教会等要素构成的庞大"黑暗王国"。在消解教会权力基础方面，霍布斯延续的是一百多年前马丁·路德（Martin Luther，1483—1546年）开创的道路。"路德认为，'因信称义'是基督教神学最根本的信条，也是神学思想的核心。后来，路德在翻译德语圣经时，在'因信称义'后面，加了一个'唯'字……'唯信称义'（Justification by faith alone），其意是唯有信仰，才能成为'义人'。"[2]而信仰只跟个人的自由意志相关，信仰上帝并蒙恩得救完全属于私人的自主事务，与教会基本无关。在路德抽空了教会体系的精神权力基础后，霍布斯又进一步对其世俗统治正当性釜底抽薪。终于上帝被驱逐到私人的精神信仰领域，世俗社会中代表上帝权威的教会也被完全架空，取而代之的将是代表世俗权威的国家。

于是，从马基雅维利到霍布斯，世俗主义成为了近代政治思想文化的特质，如罗素所云，"通常谓之'近代'的这段历史时期，人的思想见解和中古时期的思想见解有许多不同。其中有两点最重要，即教会的威信衰落下去，科学的威信逐步上升。旁的分歧和这两点全有连带关系。近代的文化宁可说是一种世俗文化而不是僧侣文化。国家越来越代替教会成为支配文化的统治势力"[3]。

（二）解构并重构"国家"，"个人"突起

在政治领域，没有了形而上的自然和超验的上帝，对人来说，国家似乎成为唯一的绝对权威，但同时也意味着它并没有超越性的权威"后台"，不再有任何超验的神秘色彩。从马基雅维利到霍布斯的世俗主义"思想利刃斩断了从前使国家固着于人类存在的有机整体的一切联系。政治世界丧失了与宗

---

[1] 霍布斯：《利维坦》，黎思复、黎廷弼译，商务印书馆1985年版，第542-544页。

[2] 路德文集中文版编辑委员会编：《路德文集》（第1卷），上海三联书店2005年版，第9页。

[3] 罗素：《西方哲学史》（下卷），马元德译，商务印书馆1976年版，第3页。

教、形而上学以及人类的道德、文化生活等一切形式间的联系。它孤零零地存在于空荡荡的世界里"。[1]在近代思想家看来，这个空荡荡的世界中，没有神，没有灵魂，没有目的，没有秩序，只有运动的物体。那么国家又是什么样的"物体"呢？于是，人之理性的尖刀最后就指向了已毫无神秘色彩的唯一世俗权威——国家，决心对它进行一番彻底解剖和认知。这个工作，由决心创立政治科学的霍布斯所首先尝试并取得了开创性的成就。列奥·施特劳斯就指出，"霍布斯第一个感觉到，必须探寻一个关于人和国家的新的科学，他也第一个找到了这个新的科学"，并认为他在政治哲学方面的成就，要归功于运用了一种新的方法，就是伽利略赖以把物理学提升到科学地位的那个方法。即在物理学领域里由开普勒尝试、伽利略确立和牛顿所充分运用的"分析—综合"（resolutive-compositive）的理性方法论模式。人用理性对一种事物进行了分析，直到分解为最简单成分为止，然后开始按照理性规则把各个部分综合起来，重新创造一个真正的整体，这样人对事物就获得了完备的知识或理解。受此启发，霍布斯认为"国家也是'物体'（corpus），只有通过分析它的终极组成部分，并用这些组成部分把它重建起来，国家才能被理解。要掌握真正的国家学说，所需做的只是把伽利略在物理学中应用的综合和分析的方法应用于政治领域"[2]。他在《论公民》前言中就说："我要从构成国家的要素入手，然后看它的出现、它所采取的形式，以及正义的起源，因为对事物的理解，莫过于知道其成分。"[3]

霍布斯首先对国家进行无限的分析和分解后，得出结论："它的制造材料和它的制造者；这二者都是人。"[4]确切来说，组成国家的最基本要素是个人意志。然后，霍布斯开始组合或创造国家。他认为，个人没创造国家之前，处于一个有极大缺陷的"自然状态"。每个人为了保存自己、求得和平与安全，

---

[1]　恩斯特·卡尔西：《国家的神话》，张国忠译，熊伟校，浙江人民出版社1988年版，第156页。

[2]　E·卡西勒：《启蒙哲学》，顾伟铭、杨光仲、郑楚宣译，山东人民出版社1988年版，第248页。

[3]　霍布斯：《论公民》，应星、冯克利译，贵州人民出版社2002年版，第9页。

[4]　霍布斯：《利维坦》，黎思复、黎廷弼译，杨昌裕校，商务印书馆1985年版，第2页。人是组成国家的基本材料，所以，考察国家的《利维坦》，第一部分名称是"论人类"，然后第二部分内容才是"论国家"。

经理性指引，他们通过社会契约形式把大家的意志转化为一个意志，统一于唯一的一个人格，每个人都把所有的权力和力量托付给这个人格。[1]"象这样统一在一个人格之中的一群人就称为国家……用一个定义来说，这就是一大群人相互订立信约、每人都对它的行为授权，以便使它能按其认为有利于大家的和平与共同防卫的方式运用全体的力量和手段的一个人格。"[2]这样一来，受过一番彻底的解构和重构后，本质上，"国家只是一个'人造的人'；虽然它远比自然人身高力大，而是以保护自然人为其目的"[3]。说它是"人"，是因为在结构上，它不过是一个类似人的自动机械：主权是人造的灵魂、官员是人造的关节、赏罚是神经、和睦是健康、动乱是疾病、内战是它的死亡。[4]因此，与其说是一个"人造人"，毋宁说是人造的大机器，[5]人的工具而已，再不是什么自然的产物或者人之原罪的补救。古代人与国家的从属关系被彻底颠覆，在现代社会中，人是国家的"造物主"，国家是人的"造物"。现代正义论对古代正义论中"人—国家—自然"关系的颠覆，可简洁表示为下图。

---

[1] 参见，霍布斯：《利维坦》，黎思复、黎廷弼译，杨昌裕校，商务印书馆1985年版，第十三到十七章。

[2] 霍布斯：《利维坦》，黎思复、黎廷弼译，杨昌裕校，商务印书馆1985年版，第132页。

[3] 霍布斯：《利维坦》，黎思复、黎廷弼译，杨昌裕校，商务印书馆1985年版，第1页。关于自然状态理论和社会契约理论，下文会再详细阐释。

[4] 参见，霍布斯：《利维坦》，黎思复、黎廷弼译，杨昌裕校，商务印书馆1985年版，第1页。

[5] 霍布斯这个"机械论国家观"深受笛卡尔解释宇宙的数学-机械论观点影响，参见，施米特：《霍布斯和笛卡尔思想中作为机械装置的国家》//施米特：《霍布斯国家学说中的利维坦》，应星、朱雁冰译，华东师范大学出版社2008年版，第130-140页。所以，有学者认为，两个非自然法思想家——笛卡尔和马基雅维利——确立了古典自然法学的思想基调。参见，林国荣：《自然法传统中的霍布斯》//渠敬东：《现代政治与自然》，上海人民出版社2003年版，第51页。

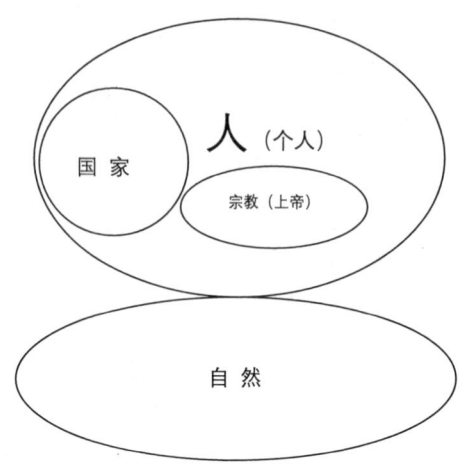

现代正义论中的"人—国家—宗教—自然"关系简图

综上所述，自然科学张扬了人的理性，而人则乘势充分开动理性，发起高扬人之理性的启蒙运动，彻底将自然和国家祛魅，远远放逐了上帝，最终确立了人的至上地位。因此，康德就把"Sapere aude 要有勇气运用你自己的理智！"[1]这一口号称为"启蒙运动的座右铭"。对国家进行一番的理性分析和综合即"解构—重构"后，个人被确定为是先于国家的存在，在逻辑上就取得了相对国家的绝对优先地位。[2]而那"创造"国家、"贬低"自然并坐上上帝至尊宝座的人，就其实质而言，就是个体的人。由此，个人获得了相对国家的"创造者"地位，成为那至高无上的"造物主"（the Creator）。

（三）构造"自然状态"，"个人"获得独立自主

古典自然法学对国家的"解构—重构"，所借助的理论工具之一就是"自然状态"论。近代意义上的自然法理论——古典自然法学，是17世纪的霍布斯所创立和奠基的。其奠基之功，就主要表现为他首先将近代自然科学创立的"分解—综合"的理性方法，运用到政治法律哲学中。"霍布斯断言，思维

---

[1] 康德：《历史理性批判文集》，何兆武译，商务印书馆1990年版，第22页。
[2] 参见，列奥·施特劳斯：《霍布斯的政治哲学：基础与起源》，申彤译，译林出版社2001年版，第2页。

一般来说是一种'计算',而所有计算无非就是加或减,全部政治思想也同样如此"。[1]他将其简化为"减—加"的计算法,在近代意义上系统阐释并确立了古典自然法思想以"自然状态"为理论起点,以自然权利论、自然法学说和社会契约论为理论主体的基本逻辑。特别是他对"人"运用"作分解的减法",减去了束缚和压制人的自然、上帝、国家,甚至政治性等一切羁绊和外在权威,把人还原到孤零零的原子式"自然状态",形成了作为理论起点的"自然状态"论。

就霍布斯对"自然状态"论的首创之功,列奥·施特劳斯评价道:"只有在霍布斯这里,自然状态才成了政治哲学的一个核心论题……只是从霍布斯开始,关于自然法的哲学学说根本上成了一种关于自然状态的学说。"[2]此后的洛克、卢梭等古典自然法学家无不是将"自然状态"论作为逻辑起点发展和构建自己的自然法思想的。洛克就说:"为了正确地了解政治权力,并追溯它的起源,我们必须考究人类原来自然地处在什么状态。"[3]之后卢梭也感慨:"对社会的基础作过一番研究工作的哲学家,都认为必须追溯到自然状态。"[4]

古典自然法思想家运用理性分析的分解减法所构造的"自然状态"有如下特点:第一,这是前社会和前国家的状态;第二,该状态中的人,是充满欲望、追求欲望、拥有理性和自由自主的独立平等个体。详细说来,他们认为,人最初的生活状态,即人的自然状态,乃是一个无国家甚至无社会的状态。没有国家、没有社会的羁绊,没有自然、没有上帝的压制,"这是一种平等的状态……人人平等,不存在任何从属或受制关系",所以每个人都是独立平等的个体;各人都拥有自由意志和理性,凭其理性而据各自意志自由行事,所以每个人都是自由自主的。洛克的说法最具代表性,他描述"自然状态"说:"那是一种完备无缺的自由状态,他们在自然法的范围内,按照他们认为合适的办法,决定他们和处理他们的财产和人身,而毋需得到任何人的许可或听

---

[1] E·卡西勒:《启蒙哲学》,顾伟铭等译,山东人民出版社1998年版,第17页。
[2] 列奥·施特劳斯:《自然权利与历史》,彭刚译,生活·读书·新知三联书店2003年版,第188页。
[3] 洛克:《政府论》(下篇),叶启芳、瞿菊农译,商务印书馆1964年版,第5页。
[4] 卢梭:《论人与人之间不平等的起因和基础》,李平沤译,商务印书馆2007年版,第46页。

命于任何人的意志。"[1]

"自然状态"论塑造独立个人的过程，本质上即是人的"非政治化"或"去政治化"过程。因为所谓"自然状态"，乃是人的一种前政治（pre-political）状态。霍布斯首先完成了对人的"去政治化"，他在对"国家"做无限地分解减法之时，割断并解构了个人联合的纽带，斩断了个人之间的一切联系，包括社会的和政治的一切联系，结果发现剩下来的只是个人的根本对立面："一切人反对一切人的战争"状态，即"自然状态"。这样，霍布斯就把"公民状态"还原为了前国家的"自然状态"，实现了对人的"去政治化"。从思想渊源上看，霍布斯构造"自然状态"延续的是基督教思想对人的非政治化进程。耶稣说："我的国不属这世界。"（《圣经·新约·约翰福音》第18章36节）霍布斯将这个论断运用于人，进一步认定"我"（人）的"国"（state）也不属于这个世界，而是原本属于非政治、前政治的"本性之国"（natural state）——自然状态。耶稣还教导人们：弃绝世俗的自然联系，包括家庭、国家等共同体，成为孤零零的信仰个体，是人最终获得上帝拣选、升入天国的前提或起点。他说：你们不要想我来是叫地上太平；我来并不是叫地上太平，乃是叫地上动刀兵。因为我来是叫人与父亲生疏，女儿与母亲生疏，媳妇与婆婆生疏。人的仇敌就是自己家里的人。爱父母过于爱我的，不配作我的门徒；爱儿女过于爱我的，不配作我的门徒（《马太福音》）。奥古斯丁就延续这条教义，极为鄙弃世俗政治的成就和荣誉，让"一切的政治兴趣都已归于沉寂。我们几乎可以从中听到一个崩溃的世界之回声，它们标示了一个时代之终结"[2]。与此类似，霍布斯也努力将人的社会政治联系完全消除，制造出人的原子式自然状态，作为人实现自保和幸福的前提或起点。此后，基督教开启的对人的非政治化理解，最终在卢梭那里达到巅峰。卢梭认为那些论述自然状态的前人，如格劳秀斯、普芬道夫、霍布斯、洛克等，"把人类只有在社会状态中才有的观念拿到自然状态中来讲：他们说他们讲的是野蛮人，但看他们笔下描绘出来的却是文明

---

[1] 洛克：《政府论》（下篇），叶启芳、瞿菊农译，商务印书馆1964年版，第5页。
[2] 登特列夫：《自然法：法律哲学导论》，李日章、梁捷、王利译，新星出版社2008年版，第39页。

人"，所以他们"没有一个人真正追溯到了这种状态"[1]。要真正追溯到的人的自然状态，就要彻底清除人的政治性和社会性，"把如此这般成长起来的人得自上天的种种超自然的禀赋，以及他通过长期的进步而获得的后天的才能，都通通剥夺掉，换句话说就是，完全按照他从大自然的手中出来时的样子观察他"[2]。所以，卢梭在对人"去政治化"的道路上走得更远，他的自然状态理论，干脆"把所有属人的因素（humanity）统统排除在人的自然之外"。其"自然状态"下的人不仅是被去掉了政治性，还去掉了理性。

四、结语

起始于基督教思想的"制造个人"进程，经过近代西方启蒙运动后，终于在古典自然法学中获得了圆满终结。自然已经被"贬降"为"僵死的物质"、上帝被驱逐出世俗政治领域、国家被细致解构并将重构为"人造的人"。在启蒙后的原初世界——自然状态中，没有"自然"、没有上帝、也没有国家，只有孤零零的自由自主而充满欲望的"个人"。这样的"个人"，就是现代"权利主体"的原型。自此，那即将诞生的伟大政治概念——"权利"，首先具有了担纲的坚实主体。

---

[1] 卢梭：《论人与人之间不平等的起因和基础》，李平沤译，商务印书馆2007年版，第46页。

[2] 卢梭：《论人与人之间不平等的起因和基础》，李平沤译，商务印书馆2007年版，第49页。

第六章
古典权利证成标准的现代转化

权利泛化现象对权利观念的可能危害，要求必须尽快构建科学的新兴（新型）权利证成标准。根据权利义务统一性命题，新兴（新型）权利必然对应有相应义务。以此为基础的"对应义务验证说"认为，一项权利是否成立，可能存在不休争论，但若转化为"该权利所对应义务是否应当成立"，就有可能引导论者超越价值情感纠葛对新兴（新型）权利主张是否成立形成较为清晰的内心确证。这更有利于论者进一步认识权利的必然义务成本，从而更为理性和审慎地对待新兴（新型）权利主张。

当今时代是一个权利兴起时代，大量新兴（新型）权利层出不穷，让人目不暇接，以致引发"权利泛化"问题。权利泛化给权利概念带来诸多危险，甚至会"解构"权利概念，其中"最大的危险就是权利要求根本不再得到重视"[1]。"因此，有必要区分'权利主张'（assertion of rights）与'权利'（rights）本身。"[2] 这样，从"权利主张"到"权利"就成为一个"待证成"的问题，只有真正的权利主张才能证成为"权利"。"因为权利对于我们人类来说是一件极端重要之事，所以需要十分审慎地对待。尤其是当这些权利属于法律权利时，因为它意味着权利在法律体系上具备了被强制实施（动用国家公权力）的可能。"[3] 所以，探寻科学可行的新兴（新型）权利证成标准，从而捍卫权利观念本身，是当前新兴（新型）权利研究的一个非常紧迫的课题。

姚建宗教授较早就关注到新兴（新型）权利判断和证成的标准问题，区分了权利之新的形式标准和实质标准。而后刘小平博士认为，这总体上还属于一种描述性标准，并未深入触及"权利"一般性证成标准。为此，他基于 Alon Harel 的"权利证成理由论"，提出了证成新兴（新型）权利的"内在理由标准"："一项要求只有其所提供的理由是内在理由，才能被划归为一项权利……只有内在理由，才能证成具体权利。"[4] 还有学者认为，司法相较于立法具有证成和确认新兴（新型）权利的现实优势。因此，一些学者从具体的新兴（新型）权利出发，探究了新兴（新型）权利的司法证成标准问题。但

---

[1] 雷磊：《新兴（新型）权利的证成标准》，《法学论坛》2019年第3期。
[2] 雷磊：《新兴（新型）权利的证成标准》，《法学论坛》2019年第3期。
[3] 雷磊：《新兴（新型）权利的证成标准》，《法学论坛》2019年第3期。
[4] 刘小平：《新兴权利的证成及其基础——以"安宁死亡权"为个例的分析》，《学习与探索》2015年第4期。

上述研究尚未从一般性法理学意义上总结提炼出令人信服的新兴（新型）权利的证成标准。新近研究中，雷磊教授的"三标准说"在一般性意义上开创性提出了从合理性、合法性和现实性三个方面证成新兴（新型）权利的一般性的标准。他指出："权利必须通过规范约束某些人来保护权利方，而且这些约束必须要求这些人承担义务。"[1]由此，新兴（新型）权利证成标准的研究达到了一个新高度。然而，总体来看，当前新兴（新型）权利的论证仍存在一个重大瑕疵——极少有人探讨和证成新兴（新型）权利所对应的义务，以致这些新兴（新型）权利沦为无本之木、无源之水的空洞言辞。本研究尝试在前述研究基础上就新兴（新型）权利的证成标准，提出一种"对应义务验证说"。这种学说与其他标准学说不是排斥关系，而是互补关系。"对应义务验证说"只是提供一种证成新兴（新型）权利的必要标准。

本研究的立论根据是权利义务相关性或对应性命题，即"有权利就有义务，没有无义务的权利"命题。根据这一命题，新兴（新型）的权利（主张），实质就是确立一个新的义务束；证成一个新兴（新型）权利，就等于证成其所对应的"义务束"。只有该权利所对应的"义务束"能得以验证并成立，该权利才有可能成立。否则，该权利就是空洞的修辞。所以，本研究首先对"对应义务验证说"的理论根基——权利义务对应性命题作了辩护和证成，而后阐述了"对应义务验证说"的基本逻辑。然后由此出发，表明了"对应义务验证说"试图推动"权利论争"回归理性审慎、复归社会本位的价值追求。最后，选取一些代表性新兴（新型）权利主张，从正反两方面对"对应义务验证说"进行实际的运用和验证，进一步表现和佐证其独特的理论优势和现实意义。

一、"对应义务验证说"的理论证成

"没有无义务的权利，也没有无权利的义务。"[2]这是马克思主义法学的一条很早就广为人知的基本原理，我国主流法理学一般认为，它指出了"权利

---

[1] 雷磊：《新兴（新型）权利的证成标准》，《法学论坛》2019年第3期。

[2] 中共中央马克思恩格斯列宁斯大林著作编译局：《马克思恩格斯选集 第三卷》，人民出版社2012年版，第172页。

和义务之间有一种互相对应、互相依存、互为条件的关系"。[1]在当今学界，这条原理又称为权利义务的"对应性或相关性"（correlative）。"在日常经验中，相关性主张（必然的，权利和义务具有相关性）通常被表达为下面两个耳熟能详的短语：其一，有权利就有义务，有义务就有权利；其二，不存在无权利的义务，也不存在无义务的权利。"[2]也有学者概言之："所谓权利的相关性命题就是关于权利和义务关系的一种陈述和断言，即权利和义务存在相关性，在权利存在的地方，便有义务的存在；有义务存在的地方，也存在相应的权利。"[3]然而，学界对这一命题也不乏有质疑声音，其代表者是陈景辉教授。为保证立论根基的稳固，本研究首先有必要针对这一质疑，为权利义务的对应性命题申辩。

（一）对权利义务对应性命题的局部证成

在《权利和义务是对应的吗？》一文中，陈景辉教授对"权利和义务存在对应性的相关性命题"的质疑和进攻，采用了"一分为三、各个击破"策略。首先他将"权利义务的对应性命题"分解为三个子命题：相互相关性命题、分析性的相关性命题与道德相关性命题。然后，对于第一个子命题，他以"对世义务并不蕴含着对方拥有相应的权利"为理由，宣布该命题是错误的；对于第二子命题，他通过对霍菲尔德理论的改造与重构，认定作为二阶权利的特权（自由）、权力和豁免并不具备相关性，宣布其错误；对于第三个子命题，他用言论自由为例说明，拥有权利并不需要以承担义务为正当化的条件，而是相反，权利应被视为赋予义务的正当化根据，所以，第三个子命题逻辑也有漏洞。综上所言，陈景辉作出了最终判决：如果以上这些部分都是成立的话，那么权利与义务相关性的命题就必然是错误的。陈景辉教授的上述论证逻辑其实并不是没有问题。张洪新博士就指出：陈景辉"所分解的三个子命题，从科学方法上讲，并非相关性命题内容的全部。相关性命题也并非一定要采用以上三种子命题的任何一种，其仍然存在其他形式的相关性命题"[4]。

---

[1] 郑成良：《试析马克思的一句法律格言》，《当代法学》1990 年第 2 期。
[2] 陈景辉：《权利和义务是对应的吗？》，《法制与社会发展》2014 年第 3 期。
[3] 张洪新：《为权利的相关性命题申辩》，《人权研究》2018 年第 1 期。
[4] 张洪新：《为权利的相关性命题申辩》，《人权研究》2018 年第 1 期。

换言之，陈景辉的"一分为三"策略，首先从一开始可能就存在"逻辑不周全"问题。其次，他在对三个子命题攻击的过程中，也存在着突出的"逻辑不周全"问题。因为陈景辉教授对每一个子命题的攻击，采用的都是"以点带面"策略：只要认定攻破了该命题之一点，即宣布整个子命题是错误的。比如对第一个子命题"不但权利与义务相关，而且义务与权利相关"，他以"义务并不蕴含着对方拥有相应的权利"为由就宣布整个子命题是错误的。但实际上他的例子只能直接指向"义务并不与权利相关"，只能证明"有义务不一定有权利"，而对该子命题前半句"权利与义务相关或有权利就有义务"的反驳，则缺乏直接证据。

就本研究的论证需要来说，笔者并不打算对整个"权利义务对应性命题"进行申辩。因为本研究"对应义务验证说"的直接立论根据是"有权利就有义务/没有无义务的权利"这一命题。即一项权利一定对应有保障该权利实现的义务。它属于"权利义务对应性命题"之一部分，是其子命题。只要证成了这一子命题，本研究的理论根基就稳固下来了。所以，本研究拟对"权利义务对应性命题"的申辩可以说是一种局部性证成和辩护。

由此来看，陈景辉教授一文的最大逻辑问题，是狭隘理解了"权利义务对应性（correlative）命题"。他在一开始借助罗斯（David Ross）在《权利与善》一书中的话，对"权利义务所谓相关性（correlative）"命题的界定就极为狭隘。他说该命题是指："1. A对B的一种权利意味着B对A的一种义务；2. B对A的一种义务意味着A对B的一种权利；3. A对B的一种权利意味着A对B的一种义务；4. A对B的一种义务意味着A对B的一种权利。"[1]

这种界定的"狭隘性"在于，所谓"权利与义务相对应"的关系，完全被限定于两个单独孤零的主体A和B之间，A的权利就对应B的义务，B的义务对应A的权利。这完全堕入了无聊而拗口的文字游戏。如果所谓"权利义务对应性命题"就是如此单一指向，那么其荒谬性几乎不值一驳，根本不可能被奉为马克思主义法学的一个重要命题。其实，马克思主义法学的"权利义务对应性命题"是一个内涵丰富的命题，是一种在整体性的社会关系视角下得出来的规律性命题。"权利义务对应性命题"应当以一种整体性关系视

---

[1] 陈景辉：《权利和义务是对应的吗？》，《法制与社会发展》2014年第3期。

角，放在全社会的大格局中去理解。权利一定是具体社会关系中的权利，而非脱离社会关系的孤立的范畴和概念；权利义务关系，实质内容就是社会关系。从这一视角来看，作为本研究立论根据的"有权利就有义务/没有无义务的权利"，是指 A 的一项权利，在社会关系中一定会落实和归结为与 A 形成对应关系的主体（或 B 或 C 或 DEF 等等）的义务。A 增加一项权利，从权利的现实性来说，一定意味着社会关系中有对应主体增加了义务。或有论者主张：我只要这项 X 权利，无意也无须对他人增加相对应义务，我的 X 权利不对应他人义务。但"权利必然对应义务"是不以人（权利主张者）的主观意志为转移的客观规律。如果强行割裂二者，这项 X 权利就只能沦为空洞修辞，完全失去现实性，毫无实际意义，从社会关系视角来看，X 权利根本不能称之为"权利"，根本不值得研究者关注。

所以，如果承认"人是社会关系中的人"这一马克思主义观点，那么人的权利，就是社会关系网络下的权利，是影响社会关系的重要因素与力量。具有现实性和实效性的权利，在社会关系中，必然要对应相关义务去保障、落实和实现它。这是社会关系整体视域下的规律性命题，具有不以人的主观意志而转移的客观性。

（二）"对应义务验证说"的基本逻辑

社会关系视角下或置于社会网络关系大格局下，证成和确立新权利实质就是重新塑造社会关系，具体来说是人与人权利义务关系的再调整。这是"对应义务验证说"的逻辑起点和首要命题。

"对应义务验证说"中的权利与义务"对应"，是指任何一种权利，若要获得实际意义或有效性，必然会相应衍生出一系列"义务束"予以保障和实现。权利义务的这种对应关系是从社会整体意义来说的。"因为一旦涉及权利保护，每一种权利不应该被看作相关于一种特定义务，而应该看作产生一系列的义务束。"[1]"当我们说特定的主体（P）拥有一项权利（R）时，我们究竟意味着什么呢？通常认为，无论是在理论上还是实践上，P 拥有 R 这一陈述含意着另外一个人享有一种义务（D）。"[2] 换言之，若从权利实现的层面来说，一项

---

[1] 张洪新：《为权利的相关性命题申辩》，《人权研究》2018 年第 1 期。

[2] 张洪新：《为权利的相关性命题申辩》，《人权研究》2018 年第 1 期。

权利必然对应有相应"义务束"来保障其实现。

所以，从这一命题出发，一项新权利（主张）在另一种意义上也就是一种新义务（主张）。一些人享有的权利，在另一些人看来就是义务，主体的立场和视角不同，得出的结论也不同。在整体社会意义上来说，或置于人与人普遍联系的社会关系网络中来看，一些人新增权利，就必然意味着一些人要新增义务。

是故，新兴（新型）权利的证成，在整体的社会关系视角下，就是要证成该权利所对应的义务。对一项新兴（新型）的权利，我们是不是应该接受、认同并确立，首先完全可以转化为"我们是否愿意接受和认同其对应的义务"去进行验证。只有证成了其对应的义务，认同和接受了这些义务，方可说该项权利通过了验证，才有可能获得证成。如果谈到权利，人人竞相争要；而论及其对应义务的负担时，人人却避之不及，那么该权利就没有通过验证，就是一项证伪的权利。因为丧失对应义务保障实现的所谓"权利"，根本算不上是一项"实在权利"（positive right）。这就是"对应义务验证说"的基本逻辑。

作为对新兴（新型）权利的一个证成标准，"对应义务验证说"的定位是新兴（新型）权利主张的筛选性或淘汰性标准。只有通过"对应义务验证说"验证的新兴（新型）权利主张，才有可能被证成为新兴（新型）权利。当然，通过了"对应义务"的验证，亦并非意味着该项权利主张就完成了证成，还需要运用其他的证成标准，比如雷磊教授的"三标准说"，进行再验证和论证。总之，"对应义务验证说"只是证成新兴（新型）权利的一个前提性必要标准。

二、"对应义务验证说"的价值意旨

或有论者质疑，当前学界已经提出许多新兴（新型）权利的证成标准，本研究的"对应义务验证说"有何独特价值旨趣？对此，有必要详细阐明下"对应义务验证说"所意欲的价值意旨。

（一）推动"权利论争"超越欲望激情，回归理性审慎

不管愿不愿意，当前我们已经进入一个权利时代：权利备受关注和尊重，同时也是一种话语肆意张扬的时代。在权利时代，人人都能提出"权利主张"。社会转型的背景促使新权利主张不断涌现并寻求法定化为法律权利，但同时更多新权利主张总是伴随着无尽争议、激烈争吵甚至谩骂。狗肉节当街杀狗

是不是侵犯动物权；追求"性福"的性权利、贞操权、亲吻权是不是要得到司法保护；悼念权、乞讨权是不是一种实在权利；如此等等问题的讨论，无不充满激烈争议。

故而，有学者就指出，"在现实生活中，人们为了实现自己有理或者无理的要求和主张，往往在自己的主张和要求上面任意贴上权利的标签。在社会中频繁出现的众多而稀奇古怪的权利名目都是提出者为了保障自己有理或者无理的要求与主张而提出的"。[1]此时，权利的主张已经沦为一种修辞上的"权利话语"。主张者往往把自己所欲求的东西，用"权利话语"进行包装，以便获得形式上的"正当性"。当前所处的权利时代下，"权利"（right）话语具有着正当化（right）某项诉求的强大能力。"权利已经成为人们的一种拜物教，或者说权利已经成为人们盲目崇拜的对象。"[2]它们"表达了、而且旨在表达每个人实际上都欲求着的某些东西；它们将人人所见而且很容易就能看到的每个人的自我利益神圣化了"[3]。

深入来看，"权利主张"的外壳下所包裹的往往就是权利主张者以自我为中心的欲望（desire）和激情（passion），这是早在启蒙时代就已经确定下来的教诲。启蒙时期的古典自然法学破天荒地将"人欲"正当化为了"自然权利"："人"（人性）变身为"自然"，"欲求"变身为"权利"（right），开创了人类社会的"权利时代"。霍布斯认为，人在自然状态中没有其他规定性，只有纯粹的欲望和激情。人性中普遍存在的是欲望，欲望是推动生命运动的根本动力。因此，第一人性公理是"自然欲望公理"，即无限欲求是人的首要规定性。人的欲求是无限的，它促使人无限追求满足欲求的对象和事物，并将其转化为各种社会利益；而各种利益诉求，就表达为"权利"主张。欲求无限，新兴（新型）"权利主张"就是无限的。

所以，对每个人来说，主张权利总是利好的，因为自己主张的正是自我

---

[1] 钱大军，尹奎杰，朱振：《权利应当如何证明：权利的证明方式》，《法制与社会发展》2007年第1期。

[2] 钱大军，尹奎杰，朱振：《权利应当如何证明：权利的证明方式》，《法制与社会发展》2007年第1期。

[3] 列奥·施特劳斯：《自然权利与历史》，彭刚译，生活·读书·新知三联书店2003年版，第186页。

所欲求的。受人性中欲望和激情主导，人本能上总是趋向于不断提出各种各样"权利主张"。但也正是由于受自我欲望和价值情感（激情）所主导，人们的权利争论极易偏离理性轨道，演变为激情偏见弥漫的情绪化争论。比如狗肉节问题上，爱狗人士和狗肉爱好者关于狗的动物权的争论，更多是价值情感上的争论，就如鸡同鸭讲，最后往往呈现一种无意义的吵闹甚至谩骂。这种看似激烈火热的争论甚至争吵显然对权利事业发展并无益处，甚至有损"权利"之庄重神圣之声誉。

对此情绪化争论，就需要浇上理性的"冷水"，使权利争论回到有利于权利事业发展的建设性轨道上来。"对应义务说"就是这盆理性的冷水。

权利和义务本是一体两面的关系，二者紧密不可分割。权利之后必然关联着相应的义务。如有论者指出的那样，权利或自由不是无代价的或免费的（Free is not free），而是有着实实在在的社会成本，甚至社会要付出高昂的财富成本。从法律意义上看，权利之成本的表现形式就是其连带或对应的义务。当我们以自我为中心提出新兴（新型）的权利，并主张法律要确立、保护和实现这些权利时，就意味着他人必然要为此负担相应的义务。此时，我拥有权利，他人承担义务，对我来说似乎纯粹是好事，尚不能让我冷静下来去审慎主张权利。但"对应义务说"告诉我，如果如我所愿，我的权利主张被法律确立为一项普遍权利，那么他人亦可主张此项权利，此时我也会成为他人权利的义务承担者。那么，我还要主张这项权利吗？这就是一个需要深思熟虑、理性审视的问题了。

所以，这时"对应义务说"就将"我要不要主张某项权利"转化为了"我是否愿意负担该权利所对应的义务"。由此，"权利之争执"转换为了"义务之负担"。而人是趋利避害的动物，如洛克所言："'自然'给了人类一种希求快乐，和憎恶患苦的心理，而且这些心理确乎是天赋的实践原则，确乎可以恒常地继续动作，不断地影响我们的一切行动。"[1] "对应义务说"的这一转换，对出于欲望和激情而激烈"争权论利"的人们，不啻是迎头淋了一盆冷水，一盆"义务"的冷水。面对义务和负担，人们就会从权利争执的狂热中冷静下来，进而审慎考虑相关权利主张并理性提出自己观点。由此，对新兴（新型）

---

[1] 洛克：《人类理解论》（上册），关文运译，商务印书馆1959年版，第27页。

权利的讨论会进入一个理性的轨道。经过社会公众的理性讨论和审视后，一项新兴（新型）权利主张才可能被证成或接受为一项实在权利。

当然，权利关联到义务，需要以"社会关系"作为桥梁。只有处于现实社会关系中的"权利"，才会遵循"对应义务"规律；停留在概念、观念或言辞中的所谓"权利"，是孤立的存在，自然不会关联任何义务。那么，人们由"权利"联想到"义务"，或者说透过权利能看到义务，也需要一个整体的社会性视角，需要一个超越个人中心的"社会本位"立场。推动社会公众对新兴（新型）权利的讨论形成这样一个视角和立场，也正是"对应义务说"的另外一个目标追求和独特效用。

（二）促使"权利证成"超越个人中心，复归社会本位

权利争论中许多论者往往把对某项新兴（新型）权利的证成当作运用"权利话语"论证自我诉求的一种工具主义策略。这就导致新兴（新型）权利的证成总是陷入以主张者自我为中心的"个人中心主义"窠臼。因此，近年来对许多新兴（新型）权利的争论或证成总是难以形成一个获得普遍认同的结论，而是陷入一种严重对立和分裂的多中心困局。

何以如此？晚近反思者已经指出，现代人普遍崇信的"权利话语"反映并形塑了某种孤立自我的个人主义价值观，阻碍了社会成员间的团结和真实的人际关系，不利于促进社会合作、互动和奉献。其实，权利话语背后总是隐藏着这样一种人的观念，即人就是孤立的、独立的个人，是自治个体。这会使我们的思想偏离共识的轨道，并专注于将我们彼此分立的事物，从而使我们脱离了公共生活。质言之，权利话语总是支持个人主义，从而帮助制造孤立的个人，造成了人们之间的相互疏远。在马克思看来，这种个人中心主义的权利话语，深刻体现的是一种自私自利的观念。它"不是建立在人与人相结合的基础上，而是相反，建立在人与人相分隔的基础上"。[1] 它主张的权利是一种分隔的权利，是狭隘的、局限于自身的个人的权利。其中的人"都没有超出利己的人……没有超出作为退居于自身，退居于自己的私人利益和自己的私人任意，与共同体分隔开来的个体的人"，"不是把他人看作自己自

---

[1] 中共中央马克思恩格斯列宁斯大林著作编译局：《马克思恩格斯全集第三卷》，人民出版社2002年版，第183页。

由的实现，而是看作自己自由的限制"[1]。公民身份、政治共同体甚至都被贬低为实现自我权利的一种手段。最终，它会"扯断人的一切类联系，代之以利己主义和自私自利的需要，使人的世界分解为原子式的相互敌对的个人世界"[2]。

所以，个人中心主义的权利证成路径，注定是无法成功的，因为那不过是在"自说自话"。权利证成的本质是权利的社会认同。新兴（新型）权利的证成，就是新兴（新型）权利主张下的新权利义务关系（社会关系）为社会所普遍接纳。社会承认和接纳的欲求才是权利，从而才有可能成为法律所保护的权利。所以，新兴（新型）权利的证成，只有超越个人中心主义，引入社会关系维度，持守社会本位的立场，才能获得成功。

"对应义务验证说"就是这样一种张扬社会关系维度、坚持社会本位的权利证成学说。它是从社会整体出发而不是从孤立个人出发，去看待新兴（新型）权利的。它将权利置于社会关系维度下，透视和凸显出新兴（新型）权利之后所必然关联对应的"义务束"。所以，"对应义务验证说"视域下的新兴（新型）权利，不是孤立的权利，而是新兴（新型）的权利义务关系。新兴（新型）权利的证成，亦是其对应的新兴（新型）义务的证成，最终乃是新兴（新型）权利义务关系或社会关系的证成。

"对应义务验证说"总体坚持了一种"关系理性"。贺来教授认为，所谓"'关系理性'是一种在超越实体化、单子化个人的社会关系中，去理解'个体'的存在规定、生存意义和根据的理性"[3]。它是当今马克思主义哲学、西方当代哲学与中国传统哲学三者实现内在汇通的重要结合点。"对应义务验证说"就是秉持这种"关系理性"将新兴（新型）权利及其证成置于社会关系中去理解的。它的"社会本位"超越"个人中心"的价值立场，哲学上意味着就是用"关系理性"超越个人的"主观理性"。

"对应义务验证说"与我国"关系本位"传统理念相契合。我国儒家历来

---

[1] 中共中央马克思恩格斯列宁斯大林著作编译局编译：《马克思恩格斯全集第三卷》，人民出版社2002年版，第184页。

[2] 中共中央马克思恩格斯列宁斯大林著作编译局编译：《马克思恩格斯全集第三卷》，人民出版社2002年版，第196页。

[3] 贺来：《"关系理性"与真实的"共同体"》，《中国社会科学》2015年第6期。

把人看作是复杂而生动的社会关系，从整体性角度解释人的意义，强调人与人的相互依存。所谓"'己'者，只有在'关系'中才有其意义。'己'是一种关系载体或者谓之为'关系体'。"[1] 所以，秦亚青教授用"关系本位"概括中国传统社会，区别于西方社会的"个体本位"。他说："所谓关系本位，就是说在社会生活中'关系'是最具意义的内容，是一切社会活动的枢纽。所以，关系性，亦即以关系为基本内容的社会属性，构成了社会知识和社会生活的核心。儒学以关系为起点的基本政治哲学思想首先是以各种不同的关系界定社会等级和政治秩序的，社会和政治的稳定首先是各种关系的顺达，社会规范多是关于调理关系的规范。"[2] 本研究"对应义务验证说"的"社会本位"，也就是"社会关系本位"。它以社会关系的整体性视角，去看待新兴（新型）权利的证成问题，可以说是"关系本位"理念的一次具体运用。

"对应义务验证说"还以马克思"社会关系"论与"类本质"论为理据。"社会关系"是马克思科学社会主义的一个重要核心概念。在《关于费尔巴哈的提纲》一文中，马克思指出："人的本质不是单个人所固有的抽象物，在其现实性上，它是一切社会关系的总和。"[3] 以此为理论根据，"对应义务验证说"把"权利"从本质上视为一种"社会关系"。作为社会关系的"权利"必然关联和对应相关义务，二者一起构成社会关系的内容。由此，新兴（新型）权利的证成，就是新兴（新型）社会关系的证成，是个人争取他人（社会）承认的过程，处理的是个人与他人关系。人的"类本质"决定了人们不断提出新兴（新型）权利并予以努力证成，来争取他人（社会）承认。它体现了人自身对同类、对共同体的自觉。所以，"对应义务验证说"是在努力超越个人中心主义，复归一种"社会本位"立场。

总之，"对应义务验证说"是秉持"社会本位"立场，运用一种"关系理性"去看待、审视和证成新兴（新型）权利（主张）的。在它看来，权利的本质

---

[1] 李芊蕾、秦琴：《试论中国人的"关系理性"》，《中共浙江省委党校学报》2008年第3期。

[2] 秦亚青：《关系本位与过程建构：将中国理念植入国际关系理论》，《中国社会科学》2009年第3期。

[3] 中共中央马克思恩格斯列宁斯大林著作编译局：《马克思恩格斯选集 第一卷》，人民出版社2012年版，第135页。

是关系，是社会关系，不是孤立的个人利益或价值追求。只有通过"对应义务验证说"证成的"权利主张"，才有现实性和社会性，才可能成为"实在的权利"。职是之故，"对应义务验证说"就需要回到现实的新兴（新型）权利争论中进行一个具体的操作演练，来进一步展现其独特逻辑和理论优势。

三、"对应义务验证说"的现实展开

那么如何梳理一项新兴（新型）权利所对应的义务呢？从理论上来说，一项权利所对应的义务可分为两种类型：消极义务和积极义务。这种分类方法借用了以赛亚·伯林把自由分为消极自由和积极自由的观点。消极自由可以说是一个人"不受别人干涉地"[1]行动的自由，其所对应的就是一种消极义务，即其他主体容忍和不干预的义务。对应消极义务的权利，本质就是这样一种消极自由，只要其所对应义务主体履行消极不作为、不干预的容忍义务，该权利即可得到实现。有些权利的实现需要所对应义务主体积极地作为、提供该权利实现所需要的条件，其所对应义务就是一种作为的积极义务。

当然，这仅仅是一种理论上的演绎。现实中所谓的新兴（新型）权利主张一般比较复杂，往往是权利的集合或权利束，其所对应义务可能既有消极义务，也包含有积极义务。正是在这种意义上，有学者才说："所谓'新兴'权利之'权利'较为宽泛，不仅包含一般所谓真正意义的'权利'，而且也包含了属于'自由'（freedom）甚至'特权（特惠）'（privilege）的内容。比如，当我说'独身妇女的生育权'属于我国的'新兴'权利时，实际上就完全没有将'权利'与'自由'加以区分。"[2]

另外，新兴（新型）权利也可以分为公法权利和私法权利。若某一新兴（新型）权利是公法上的权利，国家公权力是其主要义务主体，那么所对应义务包括公权力不得干预的消极义务、公权力主动采取措施保障其实现并予以救济的积极义务。如果是私法上的权利，那么其所对应的义务包括私人的积极义务与消极义务，以及国家公权力的救济义务。

本研究接下来选取了近年来具有代表性的新兴（新型）权利（主张），运用以上方法梳理它们所对应义务并予以验证，从而具体展示"对应义务验证

---

[1] 以赛亚·伯林：《自由论》，胡传胜译，译林出版社 2011 年版，第 170 页。
[2] 姚建宗：《新兴权利论纲》，《法制与社会发展》2010 年第 2 期。

说"现实逻辑。

（一）从乞讨权到流浪权：对应义务的无解证成

2003年"孙志刚案"的发生引发了学界关于"乞讨权"或"行乞权"的热烈争论。支持"乞讨权"的学者普遍认为，出于生存目的的乞讨行为才是构建"乞讨权"概念的正当基础，职业的牟利乞讨行为不应包括在内。因此，"乞讨权"是基于生存权而推定出的权利和自由。作为一种自由的乞讨权，是一种消极权利，它要求国家与社会对乞讨行为予以容忍和不干预；另外，当乞讨权作为"享受适当生活水准权"的子权利时，它又是一种积极权利，其所对应的是国家作为特定义务主体承担的尽其资源和能力尊重和确保乞讨者最低生存条件的义务。社会公众此时不承担对应义务，因为"当一个乞丐走来向你伸出手时，你没有义务施舍与他，你的这一拒绝行为既不会受到法律的追究，也不会受到道德舆论的谴责。"[1]

因此，基于"对应义务验证说"的"乞讨权"证成，就要从其对应的消极义务和积极义务全面展开。第一，从范围上来看，乞讨权对应的义务具有普遍性和绝对性。因为乞讨权被视为一种普遍权利，而非特殊权利，人人享有此权利，同时人人都是该权利对应的义务主体，负有保障他人乞讨权或流浪权实现的义务。第二，从内容上来看，乞讨权对应的义务具有复杂性和综合性。不仅社会公众负有容忍和不干预乞讨行为的消极义务，而且国家也负有容忍和不干预乞讨行为的消极义务，以及救济保障乞讨权和帮助乞讨者的积极义务。

若证成社会公众的消极义务，关键是要考虑社会公众对乞讨行为的容忍限度。如欺瞒、聚众和纠缠等扰乱公共秩序的乞讨，恐怕就难以为公众接受。如果突破公众容忍义务限度的不当乞讨行为比较突出，社会公众自然就期望国家出面予以规制。那么，这时公众的这种容忍限度就会转变为国家的容忍限度和国家立法的禁止性规定。当然，乞讨者作为弱势群体，具有天然的道德优势。公众负担容忍乞讨行为的消极义务，相对来说较为容易接受和获得证成。

若要证成国家对"乞讨权"的积极义务，就不那么简单了。其一，证成

---

[1] 陈聪：《"乞讨权利"的法理分析》，《行政与法》2008年第9期。

国家的救济和保障义务。要考虑若这项义务成为法定义务，那么乞讨者就可以此为依据，要求国家机关（如行政机关与司法机关）采取排除妨害、责令赔偿、制裁侵权者等一系列措施救济和保障自己的"乞讨权"。这不仅意味着国家机关的事务负担增加，无形中也导致公众要普遍负担更多的"注意义务"：不妨碍乞讨权行使的注意义务。其二，证成国家帮助或救助乞讨者的积极义务。该国家义务证成的关键是要考虑国家资源和财力限度决定了救助范围和限度。进一步来说，国家的财力还是来自纳税人，所以国家义务的增加，也必然意味着社会公众税负的增加。只有在完全充分认识这一事实规律的基础上，提出增加国家义务的主张才是理性的。否则，一味地要求强化国家义务，就是非理性的情绪化发泄。现行《城市生活无着的流浪乞讨人员救助管理办法》第七条规定，救助站应当根据受助人员的需要提供下列救助：提供符合食品卫生要求的食物、提供符合基本条件的住处、对在站内突发急病的及时送医院救治、帮助与其亲属或者所在单位联系、对没有交通费返回其住所地或者所在单位的提供乘车凭证。该条关于国家救助义务的规定，意味着国家义务的强化和社会税负的增加，总的来说还是审慎的、低限度的，是较为务实理性和可接受的。

同样是基于"孙志刚案"，有学者从法哲学高度在乞讨权基础上进一步推演出所谓的"流浪权"。它也是一项普遍权利，具有生活权利和精神权利两个面向，甚至能吸收乞讨权和迁徙自由权、自由择业权。从"对应义务验证说"的角度来看，如此抽象、复杂和普遍的权利，其证成难度无疑大大增加。一项新兴（新型）权利包含的权利要求越多，其对应义务也就越复杂和繁重，那么其证成工作量也就越重。证成就是说服的过程，证成义务就是说服义务主体接受和认同。基于"对应义务验证说"的流浪权证成，其基本思路可参照"乞讨权"。但相较乞讨权，"流浪权"证成的复杂程度和工作量可以说呈几何倍数增长。提出权利主张，可以天马行空、酣畅淋漓，但其对应义务的证成，则很有可能成为不可企及的无解难题，不能不说是当下"权利话语的忧思"。

（二）从代孕权到同性婚姻权：对应义务的伦理难题

代孕技术的发展成熟催生了"代孕权"概念的提出。支持者认为，代孕权首先是公民生育权的延伸。那些有生育障碍的夫妻，为了实现"公民生育权"，有采用代孕技术生育子女的权利。其次，代孕权也是代母之身体权的延伸，代母有运用、处分和支配自己身体（子宫）进行代孕的自由权利。由此可见，代孕权主要是一种自由权，对应义务主要是消极义务。换言之，代孕权的成立要求国家与公众对代孕活动应当"坐视不理"，不得予以干预。再次，对应国家司法机关的救济义务，若受到干预，权利主体有权提起诉讼，司法机关应当依法予以保护。

要证成"代孕权"，必须要证成以上两种对应义务。首先，要国家与公众对代孕行为承担消极的不干预义务，其证成困难在于代孕活动对社会伦理的挑战。反对者认为，代孕明显"违背人性"，完全无视和粗暴隔断了"代母"与"代子"经孕育过程而自然形成的母子亲情。在这里，人被降低为了手段和工具，人之为人的尊严遭到践踏，违背了康德所谓"人只能作为目的，不能作为手段"的教诲。其次，无视人类深沉情感的代孕活动，还会导致代母、代子以及委托代孕人之间人伦关系的紊乱、传统婚姻家庭结构受到冲击以及社会矛盾和冲突的增加（实践中常常发生代母反悔与委托方发生冲突、对簿公堂的案例）。所以，有学者认为国家必须全面禁止代孕来维护社会伦理，绝不能置之不理、坐视不管。而且，我国官方的现行规范也已经明确禁止了"代孕"行为。这样一来，具有严重伦理问题的代孕权，其对应的国家消极义务就很难得以证成，那么其相关的司法救济义务就更难以成立了。

更具伦理争议的还有"同性婚姻权"。随着我国社会文化日渐包容，同性恋行为已经为社会大众所基本接受或者说忍受。由此，有人进一步提出"同性婚姻权"的概念，要求国家法律像保障异性婚姻一样，也赋予同性恋者同等的婚姻权。该权利所对应的主要是国家积极义务。它首先要求国家对同性婚姻的合法性承担积极的确认义务；其次，国家还要承担积极救济义务和排除非法干预同性婚姻的积极保障义务。因此，该权利还对应着一项社会公众对同性婚姻的消极不干预义务，否则干预者就要承担法律责任。

若要证成"同性婚姻权"，首先也要证成其上述的对应义务。虽然我国社会文化日益包容多元，基本能容忍同性恋行为。但若要社会公众和国家进一步承担积极和消极义务，实现同性恋者的所谓"同性婚姻权"，仍然充满极大的伦理争议。人们对婚姻家庭伦理的主流理解决定着国家是否应当对同性婚姻与异性婚姻一视同仁、承担相应的确认与保护义务,也决定着社会公众是否会愿意进一步承担对同性婚姻的容忍义务。长期以来,我国传统伦理观念都将生养子女、繁衍后代作为婚姻家庭的重要功能。换言之,正是出于为人类繁育提供持久稳定的环境和条件,婚姻家庭才有必要。而同性婚姻权则是基于个体情感自由与个人主义的后现代伦理观而形成的权利主张,绝不是出于生育和繁衍后代的自发要求。当前,传统婚姻家庭观念虽然有所式微,但仍然占据着主流伦理的重要位置,与源自西方的后现代伦理格格不入。在传统伦理主张者看来,同性婚姻完全没有生育功能,同性恋者非要以"平权"为名争取与异性恋所谓平等的婚姻形式,纯粹是"意气之争",无甚实际意义,反而增加了国家和社会公众的义务负担。所以,即使同性婚姻在我国台湾地区已经法定化,但若要在我国获得普遍认同和确立,当前恐几无可能。

(三)从环境权到信访权:锚定国家义务的权利证成

"环境权"是很早就作为所谓"第三代人权"之重要内容而引入我国的新兴(新型)权利,是新兴(新型)权利研究者长期关注的一个老内容了。故而,有学者认为,它已经被过度演绎和泛化,几乎成为了一个"大杂烩"或"权利托拉斯",沦为一种冗余的法概念,反而凸显了"环境权概念的贫困"。所以,"环境权"概念必须建基于"国家保护环境的公法义务"之上,才能获得"救赎"。这即是环境权概念的"义务转向":必须对应和锚定国家义务,才具有确定性和有效性。

由此来看,环境权对应的国家义务有宪法层面的现状保持义务、危险防御义务、风险预防义务,实体法上的各级政府及其部门的环境保护义务,程序法层面的国家司法机关承担着督促行政机关履行环保义务的职责(如行政公益诉讼)以及判令侵权者承担法定责任的职责(如环境侵权诉讼与环境公益诉讼)。

所以,对环境权的证成,主要就是要证成其对应的上述国家义务。国家义务的证成,必须结合国情予以展开。党的十八大以来,习近平生态文明思想成为我国改革发展的重要指导。保护环境、实现可持续发展、建设生态文明,已经成为全党全国人民的共识。在此背景下,证成环境权所对应的国家义务,已经无甚障碍,因为当前社会公众普遍认同国家应当承担起上述义务。

与此类似，作为新兴（新型）权利的"信访权"，也是一种主要对应国家义务的权利概念。从国务院和地方的信访法规和规定来看，"对公权力机关明示的义务规定"占据关键的重要地位。所以，信访权是一项有着坚实义务基础的新兴（新型）权利。有学者认为，作为宪法基本权利的"信访权"是一种复合型权利，既是实体性权利也是程序性权利，既是自由权也属参政权，同时还是救济权。因此，信访权所对应的义务也是复合的。首先，对信访权这种基本权利，国家立法机关负有作出更详尽的细节性规范的积极义务，并遵循法律保留原则的消极义务，以更好地规范和保障它。其次，各级人民政府、县级以上人民政府工作部门负有受理和办理信访、为信访提供便利条件畅通信访渠道、奖励作出重大贡献的信访人等积极义务，不得打击报复信访人的普遍消极义务，以及国家对受打击报复信访人的救济义务。

当前，围绕信访的国家义务基本上已经获得国家与社会公众的普遍认同。首先，历史地看，自新中国成以来，我国经历多次"信访洪峰"，信访已经为社会公众所普遍认同。其次，党和国家高度重视信访工作，从中央到地方各级党政机关几乎都设立了信访职能。最后，目前以国务院《信访工作条例》为统领的信访法规体系将前述义务都予以了法定化，成为了法定义务。由此来看，证成"信访权"所对应的国家义务已经不成问题。由此可见，信访权对国家义务的锚定使其获得了坚实的义务支撑，而没有流于空泛的口号。

四、结语

没有存在于"真空"中的自由或权利。自由主义政治与法学理论曾构想出一种理想的自由——消极自由。由此，很多人误以为自由或权利可以不对应任何义务，似乎是存在于真空之中。晚近我国新兴（新型）权利思潮中许多所谓新兴（新型）权利的提出就充满了自由主义的偏见和盲视。其实，即使是所谓纯粹消极意义上的自由权，如欲成为实在权利，也对应有相关义务——社会公众的普遍注意义务和国家的积极救济义务。注意义务也是负担，消极自由权的增加也意味着社会负担总量的增加。消极的自由权尚且如此，更不用说那些需要国家和社会积极辅助的积极权利了。总之，确立一项新兴（新型）权利，必然就意味着国家和社会义务总量的相应增加。因为权利与义务在总量上成正比对应关系，权利总量的增加，也意味着是义务总量的增加。

而且，国家公权力之义务负担的增加，最终必然转化为社会公众义务负担的增加。职是之故，个人自由的争取以竞相提出新兴（新型）权利主张为能事，是走偏了方向。有许多权利主张将"对政府的要求"等同于"权利"，让大众误认为求助于政府的权力就等于行使个人权利。也有许多新兴（新型）权利主张所对应的义务，主要就是政府公权力的义务。这些政府义务的实现，最终实质是公共资源（财政经费、土地等）的偏重配置和转移。可是众所周知，政府不创造财富，政府掌握的公共经费来自纳税人。国家的财力也来自税收，政府的义务最终会转化为纳税人义务。所以国家义务的增加，也必然意味着社会公众税负的增加。这即是"权利的成本、自由的代价"。

在"对应义务验证说"的理论视域下，新兴（新型）权利往往对应着国家和社会义务，国家义务最终一定会进一步转化为公众义务。从新兴（新型）权利到新兴（新型）义务实际是一个同理循环关系。所以，新兴（新型）权利的提出和确立当然是应当的和必需的，但前提是这种主张必须是出于理性和审慎的考虑。而"对应义务验证说"的运用，正是避免新兴（新型）权利的主张和争执堕入非理性狂热甚至狂妄的一剂良方。

第七章
古典法律信仰的现代重构

"法律信仰"理论存在缺陷的原因是将"law"替换成了"国家制定法",并曲解了伯尔曼的本意。伯尔曼提出的"law"与宗教的相互作用对于"依法治国和以德治国相结合"仍然具有重要意义。因此,有必要依照伯尔曼的本意,将"法律信仰"理论修正为"法治信仰"理论,以此消除公众对"法律信仰"的误解,以及"法律信仰"对公众的误导。通过强调法治与德治的相互作用,进而可以推进全面依法治国目标的实现。

对伯尔曼本意的曲解和对《法律与宗教》一书的断章取义,让学界向中国引入了一个存在缺陷的"法律信仰"理论。"法律信仰"理论将国家制定法作为信仰的对象,不但误导了法律从业者,而且导致了"法律信仰"理论出现缺陷以及不得不面对学者的质疑和批判。虽然这些质疑和批判在一定程度上削弱了"法律信仰"所产生的集体幻觉,但是,对于不了解"法律信仰"的法律从业者而言,这种集体幻觉依旧出现。一些法律从业者将"法律信仰"当作毋庸置疑的理论前提,从而得出一些看似合法但却不合常理的错误结论,进而影响司法公正。针对这些问题,本研究通过对伯尔曼本意的考察认为,应将"law"翻译成"法治",用"法治信仰"取代"法律信仰",进而消除公众对"法律信仰"的误解以及"法律信仰"对公众的误导。

一、问题的提出:"法律信仰"理论存在缺陷

"法律信仰"理论由谢晖于1995年提出并引入学界,其主要缺陷表现为以下几个方面。

第一,伯尔曼的"法律必须被信仰,否则它将形同虚设"[1]可以说是"法律信仰"理论的合理性基础,但谢晖在提出"法律信仰"理论时,却将伯尔曼所指的"law"替换成了"国家制定法"。

谢晖如此承认:"自从伯尔曼的《法律与宗教》被翻译成中文出版以来,在我国有关法律信仰的研究和论述不绝如缕,其原因或许是在该书中,伯尔曼就法律信仰问题得出了一些堪称经典的名言:'法律必须被信仰,否则它将形同虚设'。"[2]虽然谢晖是"法律信仰"理论的最早提出者,但范进学才是"法律信仰"理论的真正推动者。谢晖在将"法律信仰"理论引入学术界时,将

---

[1] 伯尔曼:《法律与宗教》,梁治平译,商务印书馆2012年版,导言第7页。
[2] 谢晖:《从制度修辞视角看法律信仰》,《北方法学》2016年第6期。

"法律"等同于国家制定法。谢晖认为:"法律要成为民族正义实现的权威准则,成为民族全体成员的共同心理需求和信仰对象""法治是世所公认的政治正义和社会正义,法律不但是这种政治正义和社会正义的价值记载,而且是实现如上正义的实用工具。"[1]范进学对"法律信仰"理论的推动,是在继承谢晖"法律信仰"理论的基础上进行的,并深受伯尔曼的影响。范进学的《论法律信仰危机与中国法治化》一文,共有24个脚注,其中4个引用的是伯尔曼的《法律与宗教》,1个引用的是谢晖的《法律信仰:历史、对象及主观条件》。正是这个特殊的脚注,证明了范进学继承了谢晖的"法律信仰"理论,并将"法律信仰"的对象等同于国家制定法。由此可以推断,学界"法律信仰"理论的信仰对象,应该是同谢晖和范进学的"法律信仰"理论保持了一致,将信仰的对象等同于国家制定法。除去上述脚注,单从《论法律信仰危机与中国法治化》这篇论文的名称,也可以看出,伯尔曼对范进学关于"法律信仰"理论的研究,产生了重要影响。但是,学界所指的"法律",却不是伯尔曼所指的"law"。

伯尔曼在《法律与宗教》一书的导言中强调:"我是在最广泛的意义上谈论法律和宗教,即把法律视为社会中分配权利与义务的结构和程序,把宗教视为社会关于终极意义和生活目的的直觉知识和献身。"[2]范进学在向伯尔曼询问"law"指的是哪种法律时,得到的答案是"自然法"。《二十一世纪》杂志在向伯尔曼进行访问时,伯尔曼回答道:"要克服这种危机,并使人们再次信仰铭写于人们心中的法律——即「实证」法必须遵从以取得效力的「自然」法,并非像罗尔斯所想的那样只求诸理性,而必须也求诸世界上所有伟大宗教和许多人本主义者共同信奉的精神价值。这样的精神价值已隐含在传统的西方法律概念中,并体现在美国宪法的自然法条款之中,如「正当的法律程序」和「法律的平等保护」。"[3]由此可见,伯尔曼所指的"law",是最广泛意义上的法律,是"自然法"。

也就是说,学界的"法律信仰"理论深受伯尔曼《法律与宗教》一书的

---

[1] 谢晖:《法治:中华民族精神转换的主导价值取向》,《政治与法律》1995年第3期。

[2] 伯尔曼:《法律与宗教》,梁治平译,商务印书馆2012年版,第5页。

[3] 伯尔曼:《展望新千年的法律世界》,林立伟译,《二十一世纪》1999年第2期。

影响，但学界所指的"法律"，却不是伯尔曼所指的"law"，因此，"法律信仰"理论以伯尔曼的"法律必须被信仰，否则它将形同虚设"为基础，是存在缺陷的。

第二，"法律信仰"理论将"国家制定法"作为信仰的对象，禁锢了法律怀疑精神。

谢晖在进一步的研究中指出，"法律信仰"不等于"绝对法律信仰"，对待"法律信仰"应该持有法律怀疑精神，即"理性法律信仰"。从"法律信仰"的字面意思来看，不难得出"法律信仰"的对象是国家制定法，但并不是所有的国家制定法都被人们所信仰，也不是所有的国家制定法都可以成为信仰的对象，只有富有正义性的国家制定法，才可以成为信仰的对象。虽然谢晖的进一步研究是为了消除公众对"法律信仰"的误解，但是强调"理性法律信仰"和有区别地对待"法律信仰"的对象，实质上并没有削减法律从业者对"法律信仰"的误解。

出于对"法律必须被信仰，否则它将形同虚设"这句格言的盲从和狂热，法律从业者极容易对"法律信仰"的对象不加区分，从而禁锢法律怀疑精神。这是谢晖所不愿意看到的，也是魏敦友、张永和、范愉、范进学等人反对"法律信仰"的重要原因。魏敦友建议，用"法律信念"代替"法律信仰"。张永和强调，国家制定法不具备被信仰的超然品质。范愉指出，"法律信仰"已经远离了其原来的语境和本义。虽然学者在证成"法律信仰"命题时，显示出了对法治的热爱、执着以及逻辑的缜密，但是"法律信仰"理论却存在大量的概念混淆和替换，如将"law"等同于国家制定法。范进学指出，"法律信仰"在理解上稍有不慎，就极容易引起误解乃至争议，伯尔曼使用的"law"，与人们理解和使用的"法律"不是同一个含义上的概念。

谢晖强调只有富有正义性的国家制定法才能成为信仰的对象，以及提出"理性法律信仰"的事实，均说明谢晖已经意识到了将"国家制定法"作为信仰的对象，容易导致公众的误解，进而禁锢法律怀疑精神。但是，这种强调和说明，对于消除公众的误解和解放公众的法律怀疑精神，实质上并无任何效果可言。所以，"法律信仰"将"国家制定法"作为信仰的对象，存在理论缺陷。

第三，"法律信仰"理论以伯尔曼的观点为基础，但却完全偏离了伯尔曼的本意。

1995年，谢晖提出"法律信仰"理论，其背后的逻辑是以下内容。首先，法治代表的是政治正义与社会正义，而法律则是政治正义和社会正义的价值记载，是实现政治正义与社会正义的实用工具；民族精神就是民族正义，等同于政治正义与社会正义；法治若想成为民族精神，就必须以法律形式对民族正义进行表达，使法律具有公开性、规范性和确定性；当法律反映法治精神并成为民族正义时，就能创生法治作为民族精神的价值取向所实现的法律机制。也就是说，法律是政治正义和社会正义的载体，法律应该反映法治，即政治正义与社会正义。其次，在当时的社会条件下，法律还未能转化成个人理性的内心需求，因此，有必要营造公众对于法律的心理需求，并为这种需求的产生，创造经济、政治、物质条件。另外，若想实现法治作为民族精神的价值取向，需要将法律与公众对法律的心理需求进行整合，而整合的关键，就是让法律成为公众信仰的对象；这种信仰以法律的公理性、正义性、稳定性、权威性为基础，依靠的是公众从内心对法律的信奉，而非外力的强加。

后来，范进学在谢晖和伯尔曼的基础上，将"法律信仰"理论发扬光大。所以，学界对于"法律信仰"的认识，基本上可以说是同范进学、谢晖保持了一致，即"法律信仰"是可以培养的，并且是需要培养的，"法律信仰"的信仰对象是国家制定法。

然而，伯尔曼在《法律与宗教》一书的中译本序中却明确指出："本书试图向美国人提示法律与宗教更宽泛且更深一层的意蕴"。[1]伯尔曼认为，西方人正经历着一场整体性危机，这种危机的产生，与宗教信仰和法律信仰的丧失有关。如何解释西方人对于法律和宗教之信仰的幻灭？其中一个原因便是法律与宗教的截然分离。由此，伯尔曼提出了法律与宗教的相互作用，即没有信仰的法律将退化成为僵死的法条，没有法律的信仰将蜕变成为狂信。这种观点，在伯尔曼最初发表的《The Interaction of Law and Religion》的原文如是说："If this interaction is allowed, law will not degenerate into legalism, but will serve its fundamental goals of justice, mercy, and good faith, and religion will not degenerate into a private religiosity but will maintain its social responsibility."（如果

---

[1] 伯尔曼：《法律与宗教》，梁治平译，商务印书馆2012年版，第2页。

这种相互作用得以实现，那么 law 将为正义、仁爱和诚信的基本价值目标服务，从而不会退化成教条主义，宗教将会维持其社会责任，从而不会退化成个人的宗教信仰）。[1]

由此可以得出，"法律信仰"理论以伯尔曼的观点为基础，但却完全偏离了伯尔曼的本意，因此，当人们认清"法律信仰"理论的本质时，"法律信仰"理论必然走向没落。这一点，通过"法律信仰"理论的研究热度也可以得到佐证。自从学界出现了质疑和批判"法律信仰"的声音之后，"法律信仰"理论先是经历了空前绝后的研究热潮，然后开始走向没落。由此说明，"法律信仰"理论存在缺陷。

第四，"法律必须被信仰，否则它将形同虚设"不仅存在翻译问题，而且翻译之后的逻辑也是错误的。

范进学认为，将"law has to be believed in or it will not work"翻译成"法律必须被人相信，否则将形同虚设"更为精确，并且不会引发公众对于"法律信仰"的误解。但是，细究起来，这种观点也是站不住脚的。首先，范进学已经意识到了将"law"翻译成"法律"是造成公众对于"法律信仰"误解的重要原因，因此，仍然将"law"翻译成"法律"，这对于消除公众的误解，并无任何实质意义；其次，范进学已经向伯尔曼确认了"law"指的是"自然法"，是最广泛意义上的法律，在此仍然将"law"翻译为"法律"，前后自相矛盾；最后，虽然"believed in"一般都被翻译成"相信"，但是不可否认，将"believe in"翻译成"相信"将会导致原文意思的失真。在西方语境下，"believe in"本来就包含了信仰的意蕴，而将"believe in"翻译成"相信"时，则在很大程度上削减了这种意蕴，如果不是将"believe in"与"God"连用，我们几乎体会不到"相信"还包含着信仰的意蕴。如"An overwhelming majority of Americans state that they believe in God……"（绝大多数的美国人都声称他们相信上帝）。[2] 因此，将原著中的"believe in"翻译成"信仰"实质上要比翻译成"相信"更为准确。

---

[1] Harold J. Berman, The Interaction of Law and Religion, *Mercer Law Review*, vol. 31, (1980), pp.405-413.

[2] Harold J. Berman, The Interaction of Law and Religion, *Mercer Law Review*, vol. 31, (1980), pp.405-413.

但是，将"law has to be believed in or it will not work"翻译为"法律必须被信仰，否则它将形同虚设"，却出现了严重的逻辑问题。简而言之，由"法律信仰"可以推导出"法律不会形同虚设"，但由"法律不会形同虚设"却推导不出"法律信仰"，所以，"法律信仰"是"法律不会形同虚设"的充分不必要条件。但是，由于片面地理解了"法律必须被信仰，否则它将形同虚设"，并以此作为"法律信仰"的理论基础。所以，可以证明，"法律信仰"理论存在缺陷。

二、中国法律信仰论的内在逻辑

（一）谢晖的"理性法律信仰"理论

1995年，谢晖对"法律信仰"理论进行了反思，指出"法律信仰"不等于"绝对法律信仰"。绝对法律信仰是指，主体在精神和行为上，只能俯视法律之规定，而不许对法律有任何心理怀疑和诘问。显然，如果法律被认定为是恶法，那么法律便不能成为信仰的对象，因为信仰依靠的是公众内心对法律的信奉，而这种信奉，以法律的公理性、正义性等为基础。在此基础上，谢晖提出了"理性法律信仰"，即对待法律应该持法律怀疑精神，而法律怀疑精神又不同于怀疑法律精神。法律怀疑精神是指，主体对法律是否完美的一种质疑，这种质疑，是积极的，有利于法律的监督、修补和完善。而怀疑法律精神，是指主体否定法律存在的必要，是一种消极的精神，进一步发展，将会造成对法律价值和功能的全盘否定。

之后，谢晖又对"法律信仰"理论进行了更加深入的研究，指出并不是所有的法律都是信仰的对象。作为信仰对象的法律，（1）需要记载和表现自然规律、社会规律和主体心理规律；（2）需要以人为核心，公正地平衡主体之间的权利与义务关系、自由与秩序关系、个体性与社会性关系；（3）需要能够为主体的行为提供指示，使复杂的社会关系得到梳理，从而显得井然有序，并为主体带来利益。以上三点，是一个有机整体，丧失其中任何一个属性，其他属性便不复存在，从而将会导致法律不能成为信仰的对象。其次，谢晖指出，信仰法律的主观条件有三，（1）法律信念，即主体内心对法律的诚服和坚信；（2）价值认同，即主体的价值追求与法律的价值取向达成了一致；（3）利益感受，即主体对法律满足其利益要求的心理体验。以上三点，由浅及深，层层相关，即没有利益感受，就不能形成法律信念，没有法律信念，就不能将对法律的利益感受和价值认同转化成法律信仰。

综上所述，"理性法律信仰"理论是在"法律信仰"理论的基础上发展起来的，其含义基本同"法律信仰"理论保持了一致，即信仰的对象为国家制定法，而信仰本身是可以培养的。只是说"理性法律信仰"理论更加强调要区分对待信仰的对象，只有具有公理性、正义性的国家制定法，才能成为信仰的对象。

（二）"法律信仰"理论提出的目的

谢晖将"法律信仰"理论引入学术界，是因为：（1）法律模式对民族精神具有规范、风化甚至是引导价值，在当代中国寻求民族精神转化的过程中，以现代法律为基础的法治是其主导价值取向；（2）民族精神的价值取向既非恒久不变，也非日新月异，将法治作为中华民族精神转型的价值取向，在市场经济、政治民主和精神文明的背景下，是一种客观需要；（3）法治作为中华民族精神转型的价值取向，具有现实可能；（4）当代中国正以法治作为各项事业的目标取向，而塑造全民的法治信仰是实现法治的必由之路。

1997年，范进学指出中国正在经历一场法律信仰危机，其表现为：（1）公众对法律的陌生，导致了法律应有的价值不能转化为主体追求的价值；（2）有法不依的现实，让公众不能产生对法律价值的认同，从而形成法律虚无主义；（3）公众通过司法谋求社会正义的愿望难以真正实现，从而导致了公众对于司法崇高信念的失落；（4）法律工具主义导致了公众将法律视为一种统治手段，从而影响了公众对法律所蕴涵的价值进行追忆和信仰。在这种危机之下，中国若想走向法治化，则需要培养和唤起人们对法律献身的激情和热忱，将法律视为信仰的对象。但是，传统的法律文化不具有产生法律信仰的内在基因，因此需要：（1）增强公众法律意识，（2）增强公职人员守法观念，（3）扬弃法律工具主义，（4）依照社会正义原则制定和修改现行的法律和法律制度等方面入手，培养公众的法律信仰。

也就是说，学者意识到了传统法律文化与现代法治的断裂，在这种背景下，学者认为应该培养公众对法律的信仰，从而更好地推进中国的法治化建设。

(三)"法律信仰"理论的实际效果

谢晖对"法律信仰"理论的持续深入研究,以及范进学等人对"法律信仰"理论的推进,在学术界掀起了"法律信仰"理论的研究热潮。可以说,"法律信仰"命题的提出,带来的是学界对于"法律信仰"的盲从和狂热,这种盲从和狂热,在"法律信仰"被提出之后的几年间表现得淋漓尽致。其间虽然有魏敦友等人质疑"法律信仰",但是其声音几乎微弱到被掩盖。真正有影响的质疑和批判,开始于2004年,但时至今日,学界对于"法律信仰"的盲从和狂热,仍在持续,而这种盲从和狂热,在外界看来,只是法律从业者的一厢情愿。

自1995年"法律信仰"提出至今,"法律信仰"虽然有演化为意识形态的倾向,但必须清醒地意识到,这种倾向仅仅存在于法学界。出于对法律的一厢情愿,法律从业者很容易将"法律必须被信仰,否则它将形同虚设"这句格言作为毋庸置疑的理论前提来对待,从而禁锢法律怀疑精神。虽然中国特色社会主义法律体系已经形成,但法律体系的形成并不代表我国已经实现了理想法治。现阶段,我国的宪法监督制度和立法体制还不完善,宪法解释程序还不健全,立法还不够精细,科学立法、民主立法的目标还未能实现。也就是说,从法律体系向法治体系的过渡,还有很长的路要走。

另外,就目前而言,公众对于法律的全部信任还未能建立。根据谢晖的"法律信仰"理论,如果公众不能体验到法律对其利益要求的满足,则公众就不能从内心深处产生对法律的诚服和坚信,也就是说法律信念无从形成。而没有法律信念,就不能将对法律的利益感受和价值认同转化为法律信仰。这就解释了为何学界对于"法律信仰"几乎达到了狂热的程度,而外界却依然反应平淡,不能从内心深处产生对法律的认同。由此可见,学界二十多年的努力结果,带来的只是法律从业者对"法律信仰"的盲从和狂热,而对于社会大众而言,没有任何效果。

综上所述,"法律信仰"理论带来的是学界对于"法律信仰"的盲从和狂热,这种盲从和狂热,除了禁锢法律从业者的法律怀疑精神,误导学界和实务界之外,对于公众无任何效果可言。也就是说,"法律信仰"理论的实际效果与其想要达到的目标,还相差甚远。

(四)"法律信仰"理论的作用机理

"法律信仰"理论之所以受到法律从业者的盲从和认同,并且支持"法律信仰"的观点占据了主导地位,是因为在"法律必须被信仰,否则它将形同虚设"这句格言的影响下,"法律信仰"使人产生了集体幻觉。

人们对于事物的认识,是一个从感性到理性的过程。对于第一次接触的事物,往往能够产生深刻的印象,对于第一次学习的知识,往往更加倾向于不假思索地全盘接受。在新知识的学习过程中,如果知识的传授者比知识的学习者更加年长、专业和权威,并且,知识的传授者在传授知识时,不对新知识进行细致的分析论证和逻辑推理,而只是依靠自己的年长、专业和权威,对知识的学习者形成一种心理上的压制时,知识的学习者往往就倾向于对新的知识进行死板的记忆,并将其视为一种教条进行运用。在功利主义面前,尤其如此。这一点,可以通过观察小孩儿对新知识的学习和考生对考试内容的背诵记忆,得到很好的印证。另外,虽然学者在内心深处通常都将自己视为理性人,但是不可否认,学者在接触或者学习新知识时,最初也是更加倾向于不假思索也全盘接受,尤其是当这种新的知识与自己的职业、利益、兴趣等相匹配时,更是如此。之后,学者也会倾向于将所接受或者学习到的知识当作一种教条进行运用,直到这些知识与新的知识或者经历发生了冲突,学者才会比一般人更加倾向于进行反思。

在谢晖将"法律信仰"理论引入学界的最初几年,法律从业者对于"法律信仰"理论所表现出的态度可以说是盲目认同和狂热信奉。这种认同和信奉来自:(1)法律本身的权威,(2)"法律必须被信仰,否则它将形同虚设"的暗示,(3)谢晖的重复强调,(4)伯尔曼、梁治平、范进学、谢晖等人的学术权威,(5)"法律信仰"匹配了法律从业者的职业、利益、兴趣等。

也就是说,传统法律文化与现代法治的断裂,让法律从业者在中国的法治化建设过程中,迫切地希望能够寻找到一种解决方案。"法律信仰"理论的提出,则正好为法律从业者带来了希望。在这种情况下,"法律必须被信仰,否则它将形同虚设"这句格言就对法律从业者产生了极强的心理暗示,以至于"法律信仰"理论和"法律必须被信仰,否则它将形同虚设"这句格言得以在法律从业者之间迅速流传,进而产生集体幻觉。在集体幻觉的作用下,法律从业者的个人理性遭到绑架,从而导致法律从业者将"法律信仰"命题作为毋庸置疑的理论前提,在理解和适用法律时,得出看似合法但却不合常理的错误结论。

这种集体幻觉,直到2000年才开始遭遇"理性人"的挑战。虽然就目前而言,质疑和反对"法律信仰"理论的学者还未能占据主导地位,但是,这种质疑和反对,对于打破"法律信仰"所产生的集体幻觉和更加理性地认识和对待"法律信仰",具有积极和重要意义。这是因为对于事物的认识,只有经历了否定之否定,才能更加的理性与客观。这一点,在范进学身上便得到了很好的体现。1997年,范进学加入了支持"法律信仰"理论的阵营,但之后,通过深入阅读《法律与宗教》和对伯尔曼本人进行询问,范进学提出应该坚决摒弃"法律信仰"这一概念范畴的使用。其理由为,(1)伯尔曼所指的法律,是最广义的法律,在该意义上,由"法律必须被信仰,否则它将形同虚设"无法推导出"法律信仰";将"法律"理解为国家制定法,是对伯尔曼的极大误解,所以,"法律信仰"在我国是一个被过度误解的神话;(2)我国的法律问题不同于西方,我国当下最紧要的是培养人们对法律的信任和守法精神,克服公权力的滥用问题,树立法律权威和法律至上的观念。由于经历了否定之否定,范进学对"法律信仰"的认识,相对而言更加全面与理性。

综上所述,法律从业者对于法治化建设方案的期待,以及"法律信仰"和"法律必须被信仰,否则它将形同虚设"对法律从业者的心理暗示,共同导致了集体幻觉的产生。在集体幻觉的作用下,法律从业者的个人理性遭到绑架,因而不能客观和理性地认识和评价"法律信仰"。但是,反对和批判"法律信仰"声音的出现,打破了"法律信仰"所产生的集体幻觉,由此,"法律信仰"理论开始淡出学者的视野,并逐渐走向没落。

(五)"法律信仰"理论逻辑错误

前文已经指出,"法律必须被信仰,否则它将形同虚设"是"法律信仰"的理论基础,但是这句格言细究起来却是存在逻辑错误的。"只要有法律信仰,法律就不会形同虚设"和"因为法律会形同虚设,所以法律必须被信仰"是"法律必须被信仰,否则它将形同虚设"的同义表达。显然,只要法律被信仰,法律就可以如同宗教一般,约束信奉者的行为,因而不会形同虚设,也就是说,由"法律信仰"可以推导出"法律不会形同虚设"。但是,这样的推论仅能证明"法律信仰"是"法律不会形同虚设"的充分条件。"法律信仰"命题若要成立，还需要证明"法律信仰"是"法律不会形同虚设"的必要条件。

范愉利用学者的实证研究结果证明，虽然美国的法律很重要，但美国人对法律的遵守和利用与信仰无关。范进学也指出，法律即使不被信仰，只要它能够被信任而服从，哪怕是基于对国家法律制裁的害怕而被迫服从，法律也不会形同虚设。这是因为，不管是对自然法而言，还是对国家制定法而言，法律都不会因为不被信仰而形同虚设。自然法是自然的客观规律，不以人的意志为转移，不管人们信仰与否，它都是客观存在的，不会因为不被信仰而形同虚设。国家制定法的实施依靠的是国家强制力，不管人们信仰与否，只要公众实施了国家制定法所禁止的行为，就可能受到国家制定法的制裁。因此，不信仰法律（国家制定法）并不会导致国家制定法形同虚设。

另外，法律形同虚设也不是法律未被信仰的结果。上述已经说明自然法不会形同虚设，这里简单说明一下为何国家制定法会形同虚设。国家制定法是一种利益调整工具，在国家制定法的实施过程中，符合多数人利益的国家制定法被冠以"良法"之名，不符合多数人利益的国家制定法被冠以"恶法"之名。"恶法"，或者由于法律的制定者被推翻而形同虚设，或者由于得不到执行而形同虚设。"良法"，如果得不到很好的执行，亦会变成"恶法"，进而形同虚设。所以，国家制定法会形同虚设不是法律未被信仰的结果。

为了更加简明地阐释"法律必须被信仰，否则它将形同虚设"存在逻辑错误，现将"法律必须被信仰，否则它将形同虚设"替换为"宗教必须被信仰，否则它将形同虚设"或者"基督教必须被信仰，否则它将形同虚设"来重新审视这句话。显然，不论信仰的对象为何物，只要它被信仰，它就可以约束信奉者的行为，从而不会形同虚设。但是，这却不能证明"宗教信仰"或者"基督教信仰"具有必要性，因为穆斯林绝对不会认同"基督教信仰"具有必要性这种观点。之所以法律从业者未能意识到"法律必须被信仰，否则它将形同虚设"这句格言存在逻辑错误，上述已经提到，是因为这句格言迎合了法律从业者的职业利益，使法律从业者屈从了法律本身的权威和伯尔曼、梁治平等人的学术权威。

综上，由"法律信仰"可以推导出"法律不会形同虚设"，由"法律会或者不会形同虚设"却推导不出"法律信仰"，所以，"法律信仰"是"法律会或者不会形同虚设"的充分不必要条件。简单地说,"法律信仰"与"法律是否会形同虚设"是弱相关关系,即法律是否会形同虚设与"法律信仰"有关,但却不是必然的因果关系。这一点,通过伯尔曼的表述也可以得到体现:"如何解释我们对于法律和宗教之信仰的幻灭?自然,其间有许多种原因。而其中之一,我相信,便是法律与宗教的截然分离。"[1]正如条条大路通罗马,但通往罗马的路却未必一定是"法律信仰"。因此,"法律信仰"命题若想成立,则需要找出法律需要被信仰的条件,然后证明其充分必要性。而不是利用法律本身的权威和"法律必须被信仰,否则它将形同虚设"这句格言对法律从业者所产生的暗示,强行地向法律从业者灌输一个存在缺陷的"法律信仰"理论。

(六)"法律"等于国家制定法,但不等于"law"

"法律"一词,引进于日本,由"法"和"律"组成,指由国家制定或认可的并由国家强制力保证实施的,通过规定当事人权利和义务以维护社会秩序的一种特殊的行为规范体系。在中国古代,"律"的本义为"音律",作为调音或者定音的工具,因而具有"规范、标准"之义。后来,"律"演变为"军律""历律",开始与"法"一起用来代指成文法典。"直到商鞅'改法为律'之后,由于统治者更为重视法律的'规范'功能,因而逐渐以'律'取代'法',用以指称成文法典,一直延续至后世。"[2]战国以前的"法",具有多重内涵和多层面意义。第一层面,"法"是准则,是王朝统治者拥有天下、治理国家的准则、准绳或法则;第二层面,"法"是法度,是国家的一切制度性安排,是一代王朝控制臣民、维系"家天下"等级制度政治秩序和社会秩序的政制、典章、规则和规程;第三层面,"法"是法令,是天子或国君制定或颁布的法令、法规;第四层面,"法"是刑或者刑法,是"法"的后起之义。

在英语中,表示法律的单词有law、legal、code、statutory、act等。其中,Code多指成文法典,如U.S.Code(美国法典)、Code of Federal Regulations(联邦法典)。Act多指经总统批准的法案。Statutory多指成文法,一般与law连用,如statutory law或statute law。Legal多指较为广义的法律,如legal

---

[1] 伯尔曼:《法律与宗教》,梁治平译,商务印书馆2012年版,第14页。
[2] 参见陈寒非:《"律"义探源》,《现代法学》2013年第3期。

theory（法学理论），含义同 jurisprudence；Legal systems（法系），包括大陆法系（civil law）、普通法系/衡平法系（common law and equity）和宗教法系（religious law）。Law（principle）指公埋（universal principle），如自然法（Laws of nature）中的物理定律（physical law）、科学规律（scientific laws），社会科学中的经济规律（laws of economics），以及大拇指规则（rules of thumb）等其他（Miscellaneous）规则或者法则。

伯尔曼笔下的 law，指的是自然法，指的是最广泛意义上的法律，指的是人类对正义的观念。考察西方的法律文化，可以发现，西方的法律是在2000多年的自然法文化中浸淫出来的，西方的实在法再发达，也难以摆脱自然法的影响。在古希腊和古罗马时代，自然法等同于规律或者神的权威，这种权威被归结为理性，是实在法的基础，具有永恒性、普遍性与不变性。中世纪，自然法被作为神法的一部分保留了下来，但到中世纪后期，自然法理论出现了向理性回归的迹象。近代，自然法又重新被归结为人类的理性或规律，维持了其一贯高于实在法、普遍适用、永恒不变的特性。现代，新自然法学派依然坚持自然法高于实在法，自然法对实在法具有指导性和评价性，同时，新自然法学派也竭力减少自然法的抽象性，肢解了自然法理念的内核，将自然法世俗化为道德。新自然法学派的同情者基本上延续了新自然法学派的思路，他们认为自然法是可变的，是用来评价实在法的，是一种与基本道德紧密相关的价值或含有价值的理念。

综上所述，文化传统决定了中国人在看到"法律"一词时，直观联想到的是国家制定法，而非伯尔曼所谓的自然法。由于缺乏西方文化积淀，中国公众很难理解西方的自然法，所以，中国公众在看到"法律信仰"时，很容易就将其中的"法律"等同于国家制定法。

（七）国家制定法不适合成为信仰的对象

张永和说："法律作为一种权威的存在，从它诞生之日就注定远离信仰之门。"[1] 范愉说："法律作为国家制定的规则体系，具有内在的价值、正当性与合理性，并得到了民主的认同，因而具有毋庸置疑的权威性。但是，由于利益博弈和现实需求与条件的限制，法律必然只是一种存在局限性、弊端和

---

[1] 张永和：《法律不能被信仰的理由》，《政法论坛》2006年第3期。

高成本的社会治理工具，不具有终极性和至善性，也不可能被无条件地全部实施和实现。"[1]艾伦·德肖维茨（Alan Dershowitz）说："千万不要爱上法律，它将会不可避免地让你失望。要知道，法律只是一个工具、一种机制、一种制度设计……法律应该永远被遵守但不需要被崇敬……如果不爱法律，你应该爱什么呢（除了你所爱的人）？应该爱自由，爱正义，爱可以由法律产生的善。只要你能意识到为自由、正义和其他一切值得追求的事物所进行的斗争永不停歇，理想就不会落空。"[2]

也就是说，国家制定法不同于自然法，它是国家的产物，自被制定之日，就注定要依附于政权，它随着政权的建立而得以存在，随着政权的终结而消亡。另外，国家制定法是追求公平、正义的手段与工具，得到了人们的认同，具有内在的正当性。因此，国家制定法应该被遵守，人们应该对国家制定法心存畏惧，国家制定法也应该被人们视为指导和约束其个人行为的行为准则。但是，将国家制定法上升到信仰的高度，既不合理，也不现实。

第一，信仰是自愿的，遵守国家制定法是强制的。宗教信仰源于对宗教教义的认同，在宗教信仰面前，人们拥有选择信奉或者不信奉宗教的权利。认同或者不认同宗教教义，都可以选择信奉或者不信奉宗教。但只有认同宗教教义并信奉宗教，其行为才能真正地从内心深处到外在表现都受宗教规定的约束。而国家制定法不一样，遵守国家制定法是因为国家制定法是一种权威，是人们最低的行为准则，国家制定法的施行依靠的是国家强制力保障。不管人们认同与否，国家制定法一经实施，便必须被严格遵守。即便是恶法，也应该得到遵守。这是因为恶法是社会发展中不可避免的社会现象，一部法律不可能照顾到所有人的利益，法律在保护一些人利益的同时必然也会损害到另外一些人的利益，即便是最疯狂的国家统治者，也不可能蓄意通过立法将所有人视为自己的敌人，这是难以想象的，也是不可能持久的。另外，只要在国家制定法的管辖范围内实施了国家制定法所禁止的行为，不管当事人愿意与否，国家暴力机关都可以直接违背当事人的意志，对当事人进行罚款、限制自由甚至是剥夺生命。

---

[1] 范愉：《法律信仰批判》，《现代法学》2008年第1期。

[2] 艾伦·德肖维茨：《致年轻律师的信：应用导读版》，单波译，法律出版社2018年版，第23-24页。

第二，信仰的对象是稳定的，国家制定法是变动的。自基督教、伊斯兰教、佛教等宗教产生至今，《圣经》《古兰经》等宗教经典基本上是一成不变。宗教，或者因其具有顽强的生命力而日渐强大，或者因其不再被人们认同而日渐没落。只要宗教不与政权相结合，政权不强行干涉宗教信仰，宗教就不会因为朝代或者政权的更迭而发生变化。但是国家制定法不一样，朝代或政权的更迭必然带来旧法的废止和新法的制定。即便是在同一朝代或者同一政权时期，国家制定法也是不稳定的。随着社会的发展变化，国家制定法需要根据实际情况，修改、废止或者制定新的法律。另外，法学是一门社会科学，涵盖了社会的方方面面，立法又讲求法律的系统性、科学性和完整性等，所以国家制定法必定数目繁多，条文繁缛枯燥，让一般公众难以理解。面对这样的国家制定法，法学研究者都难以完全理解，甚至做不到完全了解，更何况让一般的公众去完全了解呢？在了解都达不到的基础上，何谈从内心深处对国家制定法遵从和信奉呢？

第三，"法律"作为信仰的对象，不符合汉语表达习惯。"信仰"与"法律"连用或者"法律"与"信仰"连用，实际上并不符合汉语的表达习惯。在汉语中，关于宗教信仰，经常使用的表达方式有宗教信仰（religious belief），信仰或者信奉基督教（believe the Christian religion），信仰或者信奉基督教教义，信奉或者相信上帝（believe in God），但却很少出现"信仰《圣经》"的表达方式。通过分析可以发现，基督教与基督教教义的特点是抽象、模糊，虽然信奉者很难说清楚基督教与基督教教义究竟是什么，但是信奉者却能够通过内心感受到。耶稣，根据《圣经》记载，是神的儿子，在信奉者心中，是一个实实在在的传道者形象。犹太人和基督教徒认为，《圣经》是上帝的默示和记录上帝与人类关系的文字载体。由此可以大致说明，信仰的对象具有抽象性、模糊性，并且可以通过内心感受到。《圣经》，虽然是上帝默示和上帝与人类关系的文字载体，但却不能成为信仰的对象。因此，将正义的载体——国家制定法——作为信仰的对象，不符合汉语表达习惯。所以，国家制定法不适合成为信仰的对象。

三、"恶法亦法"与"恶法非法"并非对立关系

"恶法亦法""恶法非法"之争看似有理有据，实则反映出学者对"恶法

亦法""恶法非法"的深深误解。"恶法亦法"中的"法",前者和后者指的均是"法律";"恶法非法"中的"法",前者指的是"法律",后者指的是"自然法"。分析法学派没有片面地主张"恶法亦法",自然法学派也没有片面地主张"恶法非法",两派的终极目的均是促进人类的幸福和至善。所以,"恶法亦法""恶法非法"可以相互推导,并且对立统一。"恶法亦法"催生了法治的形式正义,"恶法非法"催生了法治的实体正义,因此,促进法治朝着良法之治的方向发展,必须防止割裂或者对立"恶法亦法"与"恶法非法"。

片面地宣扬"恶法亦法",片面地宣扬"恶法非法",或者将"恶法亦法"与"恶法非法"对立起来,都是不合理的——均会损害现代法治,反映出的问题是"法"与"法律"的含义被混淆。"恶法亦法"中的"法",前者和后者指的均是"法律(实在法)","恶法非法"中的"法",前者指的是"法律(实在法)",后者指的是"法(自然法)"——一种评价"法律(实在法)"的"正义"标准。[1]"恶法亦法"与"恶法非法"的对立,浅层次地表现为语言表达逻辑上的对立——"恶法属于法"与"恶法不属于法"的对立;深层次地表现为强调侧重点的对立。"恶法亦法"侧重于强调"法律"应当具有效力(包含强制力,下同),"恶法非法"侧重于强调"法律"应当符合"(良)法"。"恶法亦法"与"恶法非法"的统一表现为内在价值追求的统一,两者均追求人类的幸福、至善——终极目的,均承认"法律"应该具有效力——服务于追求人类幸福、至善的终极目的。"恶法亦法"与"恶法非法"的对立统一,催生(构建)了现代法治实体正义(实质正义)与程序正义(形式正义)的对立统一。所以,依法治国、以德治国以及全面依法治国,必须在坚持"恶法亦法"的同时坚持"恶法非法"。

(一)"恶法亦法""恶法非法"被错误割裂和对立

在研究"恶法亦法"和"恶法非法"的过程中,学者经常将"恶法亦法"与"恶法非法"割裂或者对立起来,并且通常默认,分析法学派多主张"恶法亦法",自然法学派多主张"恶法非法"。

---

[1] 除直接引用或者另有说明外,本研究所指的"法律"均是"实在法/国家制定法","法"均是广泛意义上的法,包含自然法、法律等,也就是说"法"是"法律"的上位概念。

第一,学者通常默认,分析法学派多主张"恶法亦法",即法律就是法律,即便与上帝法、社会道德并不必然保持一致,也需要得到人们的遵守;"恶法亦法"萌芽于苏格拉底——苏格拉底用自己的生命践行了"恶法亦法",形成于奥斯丁(John Austin)。

第二,学者通常默认,自然法学派多主张"恶法非法",即不符合自然法/道德/正义的"法律"不是"法律"。

第三,学者经常单方面地主张"恶法亦法"或者"恶法非法"。如关保英在《恶法非法论》一文中宣称自己主张"恶法非法"。[1]陈忠林指出:"至今为止的主流法治理论,从根本上都可以归结为'恶法亦法'。"[2]郝铁川认为:"'良性违宪论'与依法治国并不冲突。因为依法治国之'法',是良法而非恶法,'恶法亦法'的观点才是背离依法治国原则的。"[3]

(二)"恶法亦法""恶法非法"实则对立统一

单从语言表达逻辑上看,"恶法亦法"与"恶法非法"确实对立,因为"恶法亦法"主张"恶法属于法",而"恶法非法"主张"恶法不属于法"。然而实质上,"恶法亦法"与"恶法非法"的关系是对立统一,两者均强调"法律"应当符合正义。

1. "恶法亦法"与"恶法非法"可以相互推导

学者通常默认自然法学派多主张"恶法非法",其原因不是因为自然法学派明确提出了"恶法非法",而是因为自然法学派主张自然法、实在法二元论。凯尔森指出,自然法学派主张自然法、实在法二元论,坚持在不完善的实在法之上存在着完善的、绝对正义的自然法,因此,只有符合自然法的实在法才具有正当性。关保英在《恶法非法论》一文的注释中写道,早在古希腊,亚里士多德就提出了良法之治,后来,有学者将违背自然法的法律称之为恶法。由此可以看出,自然法学派实质上提出的是"良法"与"恶法"的划分

---

[1] 参见关保英:《恶法非法论》,《学术月刊》2017年第11期。

[2] 陈忠林:《"恶法"非法——对传统法学理论的反思》,《社会科学家》2009年第2期。

[3] 郝铁川:《温柔的抵抗——关于"良性违宪"的几点说明》,《法学》1997年第5期。

标准,即符合自然法的法律是"良法",不符合自然法的法律是"恶法"。后来,有学者对此进行了归纳演绎,并提出自然法学派主张"恶法非法"。所以,"恶法非法"的准确含义是,不符合自然法的"恶法"不是"良法",不是"自然法",而非一般意义上理解的"恶法"不是"法律",不具有法律效力。这一点,从菲尼斯(Finnis)对"unjust laws are not law"的回答中便可以得到体现。菲尼斯指出,没有一种自然法理论否认非正义的法律不是法律。自然法理论的首要关怀是探索与人类至善相关的实在法的理性要求,其原因是人类生活在社会之中,并且需要面对公正(justice and rights)、义务等问题。由此可以确认,自然法学派并不否认非正义的法律(恶法)应当具有法律效力。换言之,正如前文所言,自然法学派也承认,恶法应当具有法律效力,所以显然,自然法学派也主张"恶法亦法"。

基于同样的逻辑,也可以演绎出分析法学派主张"良法之治"。正如前文所言,奥斯丁指出,主权政府存在的意义或者终极目的在于最大程度地促进公共福祉和政治社会整体的善。为了实现这些目的,主权政府必须授予国民一定的权利,并为国民设置一些绝对的义务。换言之,分析法学派同自然法学派一样,均主张为了保障国民的幸福、至善、自由,需要在一定程度上限制国民的自由。如分析法学派代表人物边沁说:"立法者应以公共利益为目标,最大范围的功利应成为他一切思考的基础。"[1]"基于这些行动之恶劣后果的考虑而禁止这些快乐是健全道德和良好法律的目标。"[2]拉兹认为,法律具有防止不利行为,保障有利行为,为个人间的私人安排提供便利、服务和分配福利等功能。由此可以推断,除非分析法学派明确主张"恶法之治",否则,分析法学派实质上同自然法学派一样,均主张"良法之治"。因为两派的共同目的,均是促进和实现人类的幸福与至善。

综上所述,分析法学派和自然法学派同样主张法律应该能够促进人类实现幸福和至善,由此可以演绎,分析法学派和自然法学派均主张"良法之治"。同理,自然法学派和分析法学派均承认恶法应当具有法律效力,所以,自然

---

[1] 吉米·边沁:《立法理论》,李贵方译,中国人民公安大学出版社2004年版,第1页。

[2] 吉米·边沁:《立法理论》,李贵方译,中国人民公安大学出版社2004年版,第6-7页。

法学派和分析法学派一样，均主张"恶法亦法"。一言以蔽之，"恶法亦法"与"恶法非法"可以相互推导，由此说明，"恶法亦法"与"恶法非法"内在统一。

2."恶法亦法"侧重于强调"法律"应当具有效力

与自然法学派不同的是，分析法学派主张法律一元论。分析法学派认为，以自然法的正义价值为标准评价实在法不具有确定性和科学性，因而主张将法律从自然法/道德/正义中剥离出来。受实证主义的影响，奥斯丁提出，应当区分"实际存在的法"和"应当存在的法"，法理学（法律学）的真正研究对象是"实际存在的法"，即由人制定的法律，而不论这些法律是好的还是坏的。为了突出法律的强制性特点，奥斯丁还特别强调，神法以及实际存在的由人制定的法律，具有命令的性质。所谓命令，实质上是一个意愿表达，其特点是，不服从的一方可能会遭受命令一方所施加的不利后果。在此基础上，奥斯丁又提出，实际存在的由人制定的法律是主权者意志的体现，由于主权者不受法律的约束，所以主权者制定的法律并不总是同上帝法、社会道德保持一致。奥斯丁这样说道："可以被描述为上帝法的法律，可以被描述为实际存在的由人制定的法的法律，以及可以被描述为实际存在的社会道德的法律，其相互之间，有时是彼此一致的，有时是彼此不一样的，有时则是彼此冲突的。"[1] 正是因为如此，学界才认为奥斯丁实质上提出了"恶法亦法"，因为自然法学派主张法律应当同自然法/道德/正义保持一致，而奥斯丁则宣称法律可以与上帝法、社会道德相互冲突。但是，正如前文所言，承认法律可以与上帝法、社会道德相互冲突并不等于承认"恶法之治"，因为其目的是以更加科学的方式指导法律促进和实现人类/国民的幸福与至善。

出于同样的目的，同时对于奥斯丁提出的法律是主权者意志的体现进行反思的凯尔森认为，应当建立一门纯粹的法律科学，将法律完全从正义观念中脱离出来。其理由是：第一，正如前文所言，将法律等同于正义有为特定社会秩序辩护的倾向；第二，政治成见能够影响法的定义，进而使法的概念适合于一个特定的正义理想；第三，是法律影响了自然法（或正义的规范），还是自然法（或正义的规范）影响了法律，并没有一个清晰明确的答案。因此，

---

[1] 约翰·奥斯丁：《法理学的范围》，刘星译，中国法制出版社2002年版，第120页。

凯尔森在简要论述了"法与正义"的关系之后，便开始集中力量论述纯粹意义上的法，即法律。可以说，在《法与国家的一般理论》一书中，凯尔森花了大量的篇幅来说明法律应当具有效力，如第二章的制裁、第三章的不法行为、第四章的法律义务、第五章的法律责任等。由此可见，分析法学派在将法律同自然法分离的同时，更加注重强调法律应当具有效力。类似的证据可见于分析法学派代表人物哈特、拉兹的著作，如哈特的《法律的概念》、拉兹的《法律的权威》等。

3."恶法非法"侧重于强调"法律"应当符合正义

正是由于自然法学派主张自然法、实在法二元论，所以才有了自然法学派多主张"恶法非法"的说法。自然法学派认为，自然法具有与生俱来的正当性，所以法律应当符合自然法的正义价值。如格劳秀斯说："自然法是正当理性的命令，它指示任何与合乎本性的理性相一致的行为就是道义上公正的行为，反之，就是道义上罪恶的行为。"[1]霍布斯说，自然法是公道、正义、感恩以及由其产生的道德，自然法不是正式的法律，但具有使人倾向于和平与服从的品质。普芬道夫说，自然法是一种教导人如何成为社会成员的社会性法律，有助于社会性的事项都是自然法所允许的事项，不利于社会性的事项都是自然法所禁止的事项。孟德斯鸠说："自然法就是人类在这样一种状态之下所接受的规律。"[2]伯尔曼说，传统西方有高级法的信念，权力机构制定的法律必须服膺于高级法。要克服西方出现的法律传统危机，需要使人们再次信仰铭写于人们心中的法，即实在法必须遵从其取得效力的自然法。

另外，自然法学派关于法律的论述，基本上都是以自然状态为基础进行展开的。霍布斯在《利维坦》一书中讲，在没有一个共同权力使人们慑服的时候，人们便处于每一个人对每个人的战争状态。在这种状态下，是非、公正都是不可能存在的，人们无时不处于暴力、死亡的威胁、恐惧之中。所以，人类根据自己的理性，按照自己的意愿，使用自己的力量保存自己便是自然权利。自然法禁止人们去做毁损自己生命的事。与霍布斯不同的是，洛克认为自然状态是一种完备无缺的自由状态，在这种状态下，人类需要遵从自然

---

[1] 胡果·格劳秀斯：《战争与和平法》，何勤华译，上海人民出版社2017年版，第21页。

[2] 孟德斯鸠：《论法的精神》（上册），张雁深译，商务印书馆1961年版，第4页。

法（理性）的教导。卢梭认为，人生而自由，但是为了更大的自由，人需要屈从于法律，屈从于公义。

所以，总体而言，自然法学派更加强调"法律"应当符合自然法的正义价值。

（三）二者统一于良法之治

在西方，分析法学派没有片面地主张"恶法亦法"，自然法学派也没有片面地主张"恶法非法"。分析法学派同自然法学派一样，均主张法律应该服务于促进国民幸福和至善的终极目的，所以，避免恶法之治，维护法律效力，促进良法之治，需要以立法服务于促进国民幸福和至善的终极目的。

良法之治的第一个困境是如何通过法律调节国民利益与国家安全的关系，进而避免权力成为少数人谋求私利，侵害国民利益的工具。良法之治的第二个困境是，如何避免立法权被少数人操控，进而使法律成为少数人谋求私利的工具，如资本主义国家的立法往往被政治精英或者资本集团所操控。良法之治的第三个困境是，如何避免立法权被平民大众所操控，进而使法律成为平民暴政的工具。亚里士多德认为，穷人仰仗人数众多瓜分富人的财产同暴君利用强权压制国民一样，都是不公正的，公正的法律不会允许平民暴政，因为平民暴政会毁灭城邦。良法之治的第四个困境是，如何通过法律使国民形成守法精神，进而使法律成为维护社会秩序的有效工具。良法之治的第五个困境是，如何利用法律协调自由与德性的关系，进而使法律成为保障国民自由，促进国民幸福、至善的工具。最大程度的自由并不意味没有约束和限制，人类必须拥有一定的德性才能保证最大程度的自由。亚里士多德认为，脱离了城邦、法律、公正的人，一旦滥用自身所拥有的明智，便容易堕化为最残暴的动物。

所以，解决良法之治的困境，还需要从分析法学派与自然法学派的终极目的出发，让法律成为促进国民幸福和至善的工具。也就是说，国家立法必须遵从两条最为基本的原则。第一，立法必须以国民利益为本，同时兼顾国家安全。需要特别强调的是，后者必须服务于前者，而非前者屈从于后者。第二，在第一条原则的基础上，为了最大程度地保证法律的效力，必须通过立法设定充足的权利救济模式。既在法律规定的范围内解决一般问题，也在法律规定的范围内解决特殊问题。在法律规定存在缺陷并侵害国民权益的情况下，国民可以通过法律途径充分救济自己的权利，而非以践踏法律为代价实现个案正义。

具体而言，在立法方面，必须坚持法律应当有所为和应当有所不为。如果法律将一切社会关系都纳入到自己的调整范围，那么法律实质上也就消亡了，因为调整一切等于一切都不调整。另外，国民利益最大化原则也不允许立法权、司法权、行政权等公权力无止境地消耗国民财富，国民也没有义务承担公权力无止境的开支。换言之，公权力的行使必须坚持廉能原则，即消耗最少的国民财富，创造最大的社会效益。为了最大程度地促进、保障国民的利益和至善，同时也为了维护法律的效力，一般的民事、刑事、行政等立法必须简单易懂，从而确保这些法律可以朝着良性的方向引导国民的行为。

在经济领域，为了防止法律阻碍创新，进而损害国民利益，同时也为了维护法律的效力，经济立法必须保持适当的消极和滞后。即经济立法应当允许一些不当行为的出现，然后对其进行纠偏，而非一味地追求立法超前，进而使创新被迫不断地突破现有法律规定。经济领域追求立法超前的弊端有，第一，如果创新因为突破法律而被认定为违反法律，那么法律必然会产生阻碍创新的结果。第二，如果创新突破法律但却不被认定为违反法律，那么法律必然会自损其威。第三，如果创新突破法律规定，但是为了避免将创新认定为违反法律，进而不断地修改法律适应创新（即创新倒逼法律改革），那么必然会导致法律虚无主义。显然，不论是哪一种结果，都不利于国民的幸福和至善，也不利于守法精神的形成。

在高新科技领域，立法必须保持适当的积极与主动，即在发现高新科技有走偏的倾向时，必须通过立法对高新科技的研发进行适当干预，并为高新科技的研发划定红线和禁区。对于基因工程而言，必须通过法律规定禁止克隆人。对于人工智能而言，必须通过法律规定禁止研发不受人类控制的人工智能技术。在一些学者大肆鼓吹人工智能的今天，只有少数学者以及科技领域的工作者已经意识到，人工智能已经出现了算法控制人类的倾向。於兴中认为，算法社会注定是科技精英的社会，必然导致少数科技精英统治大众，所以应该警惕将科技乌托邦假定为人类的未来。

除此之外，为了维护法律的效力，培养国民的守法意识，进而更好地促进国民的幸福和至善，还必须通过顶层法律制度设计，制定科学合理的权利救济途径。也就是说，寻求正义只能在法律规定的范围内进行，而不能以"良性违宪""个案正义"为名践踏程序正义，损害法律的权威与效力。为了避免平民暴政，同时也为了避免精英政治，必须彻底贯彻执行民主集中原则，即坚持讨论过程中的充分民主和决策过程中的充分集中。另外，为了防止人类在追求自由的过程中坠入堕化为兽的陷阱，必须通过法律规定贯彻落实高质量的德治教育，提升人的德性，使每个人都服务于促进人类幸福和至善的终极目的。

"恶法亦法""恶法非法"并非如其片面论者默认的那样，是相互对立的。"恶法亦法""恶法非法"的对立表现为语言表达逻辑的对立和强调侧重点的对立，"恶法亦法"侧重于强调"恶法"应当具有法律效力，"恶法非法"侧重于强调法律应当符合良法标准，即自然法或者正义价值。"恶法亦法""恶法非法"的统一表现为，终极目的的统一和"恶法亦法""恶法非法"可以相互推导。所以，"恶法亦法""恶法非法"是对立统一的。"恶法亦法"催生了现代法治的程序正义，"恶法非法"催生了现代法治的实体正义，两者共同构筑了现代法治大厦的根基，因此不可割裂和对立。解决现代法治的种种困境，还需要从"恶法亦法""恶法非法"的终极目的着手，即法律必须服务于促进国民幸福和至善的终极目的。一言以蔽之，立法必须坚持国民利益为本兼顾国家安全，通过充分的权利救济模式防止"恶法"削弱法律的权威和效力。

四、"法治信仰"是对"法律信仰"的继承与修正

前文已经指出，"法律信仰"理论提出的目的是消除传统法律文化与现代法治的断裂，但是"法律信仰"理论本身存在缺陷，最终导致了目的的落空和"法律信仰"理论的没落。通过分析可以看出，"法律信仰"理论最大的缺陷是，其合理性借助于法律本身的权威和伯尔曼、梁治平、范进学、谢晖等人的学术权威。在此基础上，由于"法律必须被信仰，否则它将形同虚设"满足了法律从业者的利益、兴趣等，进而在法律从业者群体之中产生了集体幻觉，绑架了法律从业者的个人理性。不过，当"法律信仰"理论受到质疑和批判时，这种集体幻觉就被迅速打破，进而导致"法律信仰"理论走向没落。质疑和批判"法律信仰"的一个重要原因，便是"法律信仰"将"law"替换

成了"国家制定法",曲解了伯尔曼的本意。

(一)伯尔曼所指的"law"等同于谢晖所指的"法治"

伯尔曼所指的"law",是自然法,是人类对正义的观念。伯尔曼在《法律与宗教》一书的中译本序中曾说道:"美国的法律制度,也像许多其他法律制度一样,意欲保护且促进道德的、理性的和精神的价值('正义'),而不仅仅是社会的、经济的和政治的组织('秩序')。"[1]新自然法学派的同情者强调自然法在主观上的必要性,强调价值取向的重要性,他们认为自然法是可变的,强调自然法对国家制定法的评价作用,他们大多认为自然法是一种与基本道德紧密相关的价值或含有价值的理念,很多人甚至断言,价值就是道德作用于法律的必然产物。由此可以推断,伯尔曼所指的"law",类似于新自然法学派的同情者的观点,即将"law"视为一种正义价值,视为评价国家制定法的基准。

谢晖的"法律信仰"理论所指的"法律",是政治正义和社会正义的价值记载,是实现政治正义和社会正义的实用工具。而政治正义和社会正义,等同于法治,等同于民族正义,等同于民族精神。能够作为信仰对象的法律,是那些具有正义性和能够反映主体情感寄托和内心需求的法律。类似的表述,曾在《法律与宗教》一书中出现:"除非人们觉得那些是他们的法律,否则就不会尊重法律。"[2]由此可见,谢晖和伯尔曼的本意是相同的,都是在探讨以正义为基准对国家制定法进行评价。只是伯尔曼强调"law"是自然法,而谢晖则强调"法律"是国家制定法。不过据此也可以看出,伯尔曼所指的"law"实质上等同于谢晖所指的法治、民族正义、民族精神、政治正义和社会正义。以西方自然法学派的观点来审视以上两种观点,可以确认谢晖的观点是有问题的。因为伯尔曼信仰的是国家制定法的评价基准,而谢晖信仰的是经过评价的国家制定法。以谢晖自己的"理性法律信仰"理论进行分析,也可以得出类似的结论。信仰评价标准有利于法律怀疑精神的产生,而信仰经过评价的国家制定法则容易禁锢法律怀疑精神,与"理性法律信仰"理论自相矛盾。除此之外,从学界对于质疑和批判"法律信仰"理论的认同趋势来看,也侧

---

[1] 哈罗德·J.伯尔曼:《法律与宗教》,梁治平译,商务印书馆2012年版,第1页。
[2] 哈罗德·J.伯尔曼:《法律与宗教》,梁治平译,商务印书馆2012年版,第36页。

面地反映了"法律信仰"理论存在着难以自圆其说的问题。

上述分析说明，伯尔曼所指的"law"等同于谢晖所指的"法治"，换句话说，谢晖的"法律信仰"理论实质上是对伯尔曼本意的过度推演。即"法律信仰"的信仰对象本应是"法治"，但谢晖却对"法治"进行了过度推演，将"法治"等同于"富有正义性的国家制定法"。正是这种过度推演，导致了"法律信仰"理论完全偏离了伯尔曼的本意，导致了"法律信仰"理论出现缺陷。

（二）自然法的目的是实现法治

虽然社会主义法治理念是在借鉴西方法治文明成果的基础上，所作的重大理论创新。不过，中国的法治思想，实质上可以追溯到春秋战国以前。程燎原指出，中国历史上出现过两次法治思想突破，一次是春秋战国时期的法治思想突破，一次是中国近代的法治思想突破。喻中在程燎原研究的基础上指出，第二次突破是由三股相对独立的波澜连接而成的，第一波出现于20世纪初期，以梁启超为代表的国家主义法治理念，其思想渊源为德国的国家主义和中国先秦的法家思想；第二波出现于20世纪80年代，以自由主义法治理念或者说是权力本位、个人本位的法治理念为代表，是全球化的产物；第三波出现于2006年，以社会主义法治理念的正式提出为依据。由此可知，当下所指的"法治"，实质上是社会主义法治理念，是马克思主义中国化和借鉴西方法治思想的产物。

西方的法治思想，可以追溯到古希腊罗马，以正义观念为主线，贯穿不同时期。在古希腊罗马思想家阶段，法治观念开始于梭伦变法（Solon Reform），至亚里士多德时已经成熟，其思想渊源可以归结为正义观念。中世纪教会法阶段，教会法强调爱、善，用正义观念为教会法的正义披上了神学的外衣。近代启蒙思想家阶段，霍布斯、洛克、伏尔泰、孟德斯鸠、卢梭等人的法治理论延续了古希腊罗马思想家阶段的法治理论，极大地推进了法治理论的发展。当代思想家阶段，新自然法学派、实证主义法学派、社会法学派和自由主义法学派这四大西方主流的法学派，都在不同程度上继承和发展了近代启蒙思想家阶段的法治理论。他们主张国家应该保障个人的合法权利，同时在立法、司法和行政过程中体现法治原则。由此可见，西方法治思想的渊源具有内在的、本质的联系，不过，需要注意的是，古希腊罗马思想家阶段的思想渊源是抽象的正义论，近代启蒙思想家阶段的思想渊源是正义论基础上的古典自然法理论，当代思想家阶段的思想渊源是基于不同政治主张的正义论和自然法理论。不过，据此仍旧可以得出：西方的法治思想，是在正义论和自然法理论的基础上发展起来的，并与自然法理论紧密相连。

纵观西方自然法观念的发展史，可以发现西方的自然法观念经历了古希腊罗马自然主义自然法，中世纪神学主义自然法，近代理性主义自然法以及现代自由主义自然法，同法治理念的发展史一脉相承并延续至今。西方的法学理论，建立在自然法的基础上，并以自然法为支撑，对正义的追求，构成了贯穿西方自然法发展的主线。在很大程度上，正是对自然法所蕴含的平等、自由、权利、正义等的不懈追求，才构建起了西方的现代法治。也就是说，西方的自然法与法治是同根同源，自然法是评价国家制定法的工具，其目的是实现法治。刘小凡如是说，"法律的创制就是要以自然法的正义精神作为指导来创制良法，保障人权，实现民主、自由、平等，在法律形式上确保人的价值和尊严，从而使法治成为一种可能。"[1] 西方近代自然法观念所蕴含的平等、自由等基本理念以及公平正义的价值内核，对我国当前推进全面依法治国目标的实现具有重要的价值功能。综上所述，西方的法治理念与自然法同根同源，是在自然法的基础上发展起来的，而法治，则是自然法要实现的目标。

（三）"法治信仰"是修正后的"法律信仰"

在 law 与宗教相互作用（the interaction of law and religion）的基础上，伯尔曼推演出了"自然法需要被信仰，信仰需要自然法"。但是前文已经指出，西方的法律是在自然法文化下浸淫出来的，所以西方人能够很自然地理解自然法的内涵。但是如若将伯尔曼所指的"law"翻译为自然法，则势必导致中国公众的迷惑，进而影响"自然法信仰"的实际效果。这是因为，"中国古代虽然也有'天与之，民授之'的自然法思想，但儒家的'一乎准礼'和法家

---

[1] 刘小凡：《论自然法思想对我国法治建设的启示》，《东岳论丛》2012 年第 5 期。

的'一断于法'使中国的自然法思想非但没有走强,反而不断走弱"。[1]不过,基于自然法与法治理念是同根同源,法治是自然法要实现的目标,所以笔者认为,可以将伯尔曼所指的"law"翻译为"法治",即以"法治信仰"取代"法律信仰"。

从"法治信仰"的字面意思不难看出,"法治信仰"的信仰对象是"法治",是"自然法",是一种抽象的价值观念,或者说是价值目标。而这里的价值,指的是法治思想,是自然法的价值内核,即正义。也就是说,"法治信仰"理论是对"法律信仰"理论的继承,并对其进行了修正。"法治信仰"理论省略了将"法治"推演为"富有正义性的国家制定法"的过程。除此之外,"法治信仰"理论虽然是以促进现代法治建设为目的,但却绝无让"法治"成为全民族共同信仰之意。这是因为,信仰是自愿的,对于公众的信仰,可以加以引导,但却不能进行强制。另外,虽然"法治信仰"同中国特色社会主义法治理论保持了一致,但是,只有"法治信仰"同政权相分离,"法治信仰"才能成为一种普世性观念,才能赢得公众的支持。

综上,经过考证,伯尔曼所指的"law"应该被翻译为"法治",由此,"法律信仰"应该被替换成"法治信仰"。"法治信仰"的信仰对象是"法治",是抽象的正义价值,也就是说"法治信仰"舍弃了将"法治"推演成"富有正义性的国家制定法"的过程。

(四)"法治信仰"的困境与突破

值得说明的是,"法治信仰"一词并非笔者首创。早在2000年,陈煜、王佐龙就已经提出了"法治信仰",但却并未引起学界的重视。其原因可能为,(1)当时的法律从业者正处于"法律信仰"的集体幻觉之中,未能意识到"法治信仰"的价值;(2)中国特色社会主义法治理论还未正式提出,所以公众难以理解和认同抽象的"法治信仰";(3)"法治信仰"缺乏完整的理论体系。2008年,李春明、王金祥在批判"法律信仰"时提出,以"法治认同"替代"法律信仰",不过最终也基本上是无功而返。2013年,随着"法律信仰"的研究走向高潮,"法治信仰"的研究也掀起了一波小高潮。仅此一年,就有姜明安、

---

[1] 贺艳:《中西方法治理念之比较——以自然法思想对法治理念的影响为主要视角》,《人文杂志》2010年第2期。

张永和、孟庆涛、熊英等学者提出或者认同了"法治信仰"。但是，随着"法律信仰"集体幻觉的消退，"法治信仰"还未显示出其价值，就开始出现衰退。

"法律信仰"集体幻觉消退的原因是，"法律信仰"理论受到了理性法律从业者的质疑和批判。他们通过分析论证，指出了"法律信仰"理论存在缺陷，由此唤醒了法律从业者的理性，进而一步步地打破了"法律信仰"所产生的集体幻觉，从而导致"法律信仰"开始走向没落。与此同时，另一种集体幻觉又开始形成。一些法律从业者由于多次听到或者阅读到"法律信仰的批判""法律信仰：一个被过度误解的神话""法律不能被信仰的理由"等，因而在大脑深层形成了这样一种意识："法律信仰"是错误的。不过，由于欠缺理性的分析，这些法律从业者几乎不知道"法律信仰"究竟错在了哪里。所以，当这些法律从业者看到"法治信仰"时，便会直观地以为"法治信仰"也是错误的。由此，导致了"法治信仰"随着"法律信仰"的没落而没落。

然而，据此也可以看到解决"法治信仰"没落的方案，即通过不断的重复和强调，让法律从业者乃至公众首先产生这样的认识："法律信仰"是错误的，而"法治信仰"是正确的。然后，再一步步地向法律从业者和公众解释"法治信仰"的真正含义，即信仰的对象是"法治"，是"正义"，而信仰"法治"的目的是以正义为标准评价国家制定法，进而推进国家制定法朝着良法之治的方向发展。

综上，在打破"法律信仰"集体幻觉的同时，又产生了另外一种集体幻觉："法律信仰"是错误的，所以"法治信仰"也是错误的。因此，"法治信仰"刚刚兴起便随着"法律信仰"的没落而没落。基于此，应该通过重复和强调，让法律从业者甚至是公众形成这样的认识："法律信仰"是错误的，而"法治信仰"是正确的。然后再不断加深法律从业者和公众对于"法治信仰"的理解，进而促进良法之治的实现。

（五）全面依法治国需要"法治信仰"

伯尔曼之所以提出 law 与宗教的相互作用，是因为伯尔曼认为西方正在经历一场整体性危机。这场整体性危机的表现为，第一次世界大战之后，一些艺术家、诗人和小说家（如毕加索和乔伊斯等）用他们的作品表明，传统的空间概念、时间概念乃至语言本身都在解体、崩溃。后来便是出现于20世纪30年代的思想激变,当时,社会科学家告诉我们,传统的社会、政治和经济结构业已丧失其正当性。欧洲被新的革命深化弄得四分五裂,美国则奉行孤立主义政策。从20世纪50年代开始,我们日益感觉到一种徒劳,一种厄运将至,其中最明显的征兆是都市里的世风日下,许多青年极度失望,国家在致力于推动国内外的和平事业时,都不能够采取果断的行动。

虽然伯尔曼并未定性地指出这场整体性危机究竟是什么,但是通过伯尔曼的表述,以及对现代主义和后现代主义的考察,可以确认,伯尔曼所指的整体性危机,实质上是现代主义和后现代主义对西方传统所造成的冲击。显然,在经济全球化的今天,我国也正在经历现代主义和后现代主义对传统文化、传统观念所造成的冲击,但是,这种冲击与现代法治和传统文化之间的冲突相比,还是不具有可比性的。司法实践一再证明,不受传统道德和价值支持的法律系统容易失效,因此法治建设需要参照中国的传统文化,而不是一味地无视和否定传统文化。此即苏力在1995年提出的"中国的法治之路必须注重利用中国本土的资源,注重中国法律文化的传统和实际。"[1]因此,全面依法治国不仅需要注重对先进的法律制度进行引进,更需要注重解决现代法治和传统文化之间的冲突,亦即注重现代法治与传统文化的相互作用。

由此可以看出,伯尔曼提出的"law与宗教的相互作用",实质上对于全面依法治国仍然具有重要的参考和借鉴意义。全面依法治国需要注重现代法治与传统文化的相互作用,用现在的话说,建设社会主义法治国家,需要坚持依法治国和以德治国相结合。坚持全面依法治国需要培养公众的"法治信仰""法治观念"以及法律怀疑精神,让公众能够以正义为标准来审视现有的法律制度,进而促使国家制定法朝着更加正义的方向发展。坚持以德治国需要重视中国的传统文化,从传统中寻找德治的根基,用德治填补国家制定法不宜介入的领域。然后,以法治促进德治,以德治促进法治,最终实现社会主义法治国家。

综上,全面依法治国需要以法治和德治的相互作用为基础,而要实现法治,就有必要培养公众的"法治信仰",所以说,全面依法治国需要"法治信仰"。

---

[1] 苏力:《变法,法治建设及其本土资源》,《中外法学》1995年第5期。

五、结语

"法律信仰"理论是对伯尔曼本意的深深曲解,不但将伯尔曼所指的"law"替换成了"国家制定法",而且忽略了"law 与宗教的相互作用"。由于"法律信仰"理论的合理性借助于国家制定法的权威以及伯尔曼、范进学、谢晖等人的学术权威,所以,一旦"法律信仰"所产生的集体幻觉消退,"法律信仰"理论必将走向没落。然而,在全面依法治国的大背景下,伯尔曼提出的"law 与宗教的相互作用",对于依法治国和以德治国相结合的中国特色社会主义法治建设,仍然具有重要的参考价值和借鉴意义。因此,有必要依照伯尔曼的本意,将"法律信仰"修正为"法治信仰",消除"法律信仰"的理论缺陷。以法治促进德治,以德治促进法治,通过法治与德治的相互作用,最终促进全面依法治国目标的实现。

第八章

法律与道德关系的古典反思

贪婪、自私、少德和互害的人性想象，是好人遭受恶意推测的一个观念基础，也是产生美德与法律互相伤害问题的人性根源。注重扬善，以培育美德为根本目标的古代法律，启示现代法律不应只专注抑恶，忽视美德，而应善待维系和支撑社会团结和进步的美德，承担起抑恶并扬善的正确使命。

一、问题的提出：美德之伤与法律之痛

2013年新年伊始，河南省兰考县发生的"1·4"火灾事故，让爱心公民袁厉害长年"违法"收养病残弃儿的事件暴露于公众和法律的视野之下。袁厉害虽曾被政府授予"爱心妈妈"的称号，也被孩子们亲密称呼"袁妈妈"，却不断遭受"靠收养儿童骗低保牟利""收养儿童是为出卖"等许多恶意的质疑和推测，即使病倒在床仍被无休止的逼问。不仅如此，按照收养法、刑法等相关法律规定，袁厉害长年坚持的爱心善行则应"理性"地被认定为"违法收养"，当负包括刑事责任在内的法律责任。

袁厉害被送进监狱，让人不禁困惑，好人怎没好报？根据人们最基本的自然正义观念——"善有善报"，故而法律也必得保护美德，尤不能惩罚美德，让好人吃亏。如果已受自然灾难打击的美德者再受"法律之伤"，人们不能不心生疑问：法律的正义性何在？

若如此，法律在人们心中的公正和权威已经受到损害。事件的最后，很可能是一个美德与法律"互相伤害，同为受害者"的双输结局。可见，美德之伤，乃法律之痛。美德的法律之伤，亦即法律的美德之痛！

德国诗人歌德在其名著《浮士德》中曾说："理论是灰色的，而生活之树常青。"理论总是在生活中出现的新问题拷问下，不断自我反思而向前发展的。法律理论的发展也不例外，也只能在实践问题的拷问下及由此引发的反思中获得持续的更新和发展。所以，反思袁厉害事件，在政治、社会、经济等之外，还需要增加一个新的反思维度——法律的反思，即法律为何会伤害美德？由此，法律当如何对待美德：消极无视还是积极善待？

二、美德为何总遭受不良非议和恶意推测？

首先需要反思的是，对"袁厉害"们的美德和善行，为什么一些人和法律会如此冷酷、无情，甚至本能地给予"小人之心度君子之腹"式的恶意推测和质疑？这与现代政治和法律对人的基本看法或想象密切相关。因为一个

时代关于国家的看法本质上是受制于其关于人的看法，一个时代的社会、政治和法律观念也受制于其关于人的看法。

现代政治和法律对人的看法或想象，概述如下。

第一，欲望而非美德是人的首要追求。现代人看来，人首要的本性，是追求欲望满足。这是人类行为和社会制度的根本出发点和最终目的。所以人们看到袁厉害的善行与美德，第一反应是"不正常，不符合人性"。然后，依此人性原理作"小人之心度君子之腹"的推断：袁厉害的"美德"一定居心不美，其背后一定隐藏有强烈的欲望动机。

第二，利己而非利他才是人的本性。人们所追求的欲望满足，不是他人的而是自己的欲望满足。因此，利己、自私或偏私是人的一个本性。依此，美德之后的欲望动机，一定是利己的、自私的。

第三，人人生而平等：在追求欲望和德性低劣上普遍平等。根基不平，则建筑不稳。普遍平等的人，是现代民主政治的稳固根基。为了最大限度地涵括所有的人，实现民主政治的普遍性，就必须尽量公度人性、求得人与人的最大共同性。因而现代政治哲学只能一再降低观察人性的目光，最终定格于人性中最低的动物欲部分，也是人人都平等具有的人性部分，作为人人普遍平等的人性根基。这样的人，也即儒家所谓的"小人"或者尼采所谓的"末人"(the last man)。所以，在这样的人性想象下，人们被普遍化为小人或末人。面对稀少而罕见的美德君子，许多人无法理解，更无应对之方，不知所措中只有从自身人性出发对之作"小人之心度君子之腹"式的本能推断。

第四，人对人是利益威胁。可以想象，如果人人充满欲望而自私自利，且普遍德性低劣，那么，人对人必然是利益的威胁——潜在的侵害者，人对人像"狼对狼一样"。亲情、友情和仁爱等情感和美德，较于这样的人性消极力量，显得是那么脆弱和不堪一击，因此绝不可依凭和信赖。人与人，即使子女与父母也不能完全地互相信任。

据以上对人的"现代想象"或者"正常人"的人性，人们对袁厉害作如下"合理"推断：其一，袁厉害也是以欲望满足为首要追求的人；其二，她的行为一定包含着自私利己的动机；其三，袁厉害当然也德性低劣，其"美德"多是虚假表象；其四，袁厉害对那些弃儿来说，也一定是利益威胁和侵害者，一定少不了侵害行为。正是综合以上推论，即使毫无证据，人们只需从"人性"

出发，就能"正当合理地"对袁厉害美德提出猜忌质疑和恶意推测：她的"美德善行"之下，是否隐藏着"卖童牟利""骗取低保"等害人利己的德性低劣行为？

甚至，这种人性认识经过现代社会长期的言传教育，已经内化为人们的社会"常理"，并不断被社会经验事实所反复"验证"而成为一项"社会经验法则"。人性认识加上社会经验法则，构成人们恶意推测善行美德的根本依据，在2006年"彭宇案"判决中就有充分体现。

然而，上述对人的想象或人性论断的生成、扩展并成为现代社会的主导观念，在思想史上并非一个古远之事。在16世纪的意大利，马基雅维利首先提出政治应该关注的是"人们实际上如何生活"，把政治的人性基础，归结到现实人性之上。那么，现实的人性是什么？马基雅维利考察后，得出结论是：自私、逐利、充满欲望。这几个人性特征，为霍布斯所全部继受并运用于对人之自然状态的刻画。他把充满着欲望和贪婪，为虚荣自负和对暴死的恐惧这两种激情所支配，并以自我保存为至高原则的人，作为其政治哲学的根基，实现了"与传统政治哲学彻底决裂"。洛克也认为对自我保存的关切是"上帝植入人心的最初的和最强烈的欲望"，美德、慈善等品质对于解释公民社会的基础不具本质意义。即使强烈控诉商业使人堕落的卢梭，也认为建立社会、组成政府所依凭的社会契约，也不过是为了"寻找一种结合的形式，使它能以全部共同的力量卫护和保障每个结合者的人身和财富"，满足人的欲望追求。

人性若如此，那么必"会使人们彼此互相离异、易于互相侵犯"。所以在人们意识中，他人就成为自己自由和利益的潜在威胁。对此，霍布斯希望用人们的日常经验加以证实："当他外出旅行时，他会带上武器并设法结伴而行；就寝时，他会要把门闩上；甚至就在屋子里面，也要把箱子锁上。"接着他又马上提出句句诛心的反问："试问他带上武器骑行时对自己的国人是什么看法？把门闩起来的时候对同胞们是什么看法？把箱子锁起来的时对自己的子女仆人是什么看法？"

奉行欲望至上—自利至上—权利至上的现代人，自然就把他人和国家权力等异己力量，都看作自己自由和利益的潜在威胁。如马克思所说："每个人不是把他人看作自己自由的实现，而是看作自己自由的限制。"正因为此，柏林才极力主张"消极自由"，那是主体（一个人或人的群体）被允许或必须被允许不受别人干涉地做他有能力做的事、成为他愿意成为的人的那个领域。所以"就没有人或人的群体干涉我的活动而言，我是自由的，在这个意义上，政治自由简单地说，就是一个人能够不被别人阻碍地行动的领域。"职是之故，权利与权利、权利和权力的基本矛盾，就成为现代政治与法律哲学话语的一个独特景观。

本性如此的人，在启蒙思想家们看来，不但不是组成政治社会的障碍，而且正是组成现代政治社会所需要的基本质料。康德就认为，本性自私贪婪的人，恰是实现大自然宏伟计划："建立一个普遍法治的公民社会"的合适质料。建立普遍的政治秩序和法治国家，并不需要人人都是天使，即使由魔鬼组成的民族，也是可以解决的。

由此，充满欲望、自私利己、德性低劣、相互威胁，就构成了现代政治和法律对人的基本想象。作为现代政治和法律的一个人性论基础，这种人性想象不仅在某种意义上造成了现代社会生活中人与人关系的扭曲和异化：冷漠、猜疑、警惕、隔阂、仇恨和算计等，一定程度上也是法律时时伤害美德的一个观念根源。

三、美德何以受到法律消极对待甚至伤害？

关于人的上述想象，正是现代人在法律中的基本形象。现代法律上的人的形象，如拉德布鲁赫所论："这是一种不仅非常自私自利，而且在自私自利时又非常精明的人；是只不过追逐自己的正当个人利益的人。"这样一种法律上的人的新类型是按照商人的形象来塑造的，它是一种完全的逐利的、精于算计的形象（所谓"有交易，则没了和气"），是典型的资产者或商人布尔乔亚（bourgeoisie，即资产阶级），是"没有灵魂的专家"（所谓法律专家）和"没有心肝的纵欲者"（一部分社会大众），是一群只知道追求自我保存、自我利益并肆意侵害他人的利己主义者。

正是建基于上述人的形象之上，现代法律才获得了存在和发展的正当性基础。也正是这样的现代人性论，成就了法律和法治在现代社会的崇高地位。

（一）现代社会何以需要法律？

人人充满欲望、贪婪自私、德性低劣，必然互相侵害、冲突不断。为实现人与人的和平与联合，使社会不致崩溃而存续发展，以国家强制力做后盾的法律就成了实现个体之间和平的当然工具，也是维系现代人类命运共同体（如国家与社会）的重要纽带。所以，马克思说："市民社会分解为独立的个体——这些个体的关系是通过法制表现出来"，"在这个自私自利的世界，人的最高关系也是法定的关系，是人对法律的关系。"西塞罗亦言："国家乃是人民之事业，但人民不是人们某种随意聚合的集合体，而是许多人基于法的一致和利益的共同而结合起来的集合体。"他还说，"法律是公民联盟的纽带……公民社会若不是公民的法权联盟，又是什么呢？"质言之，人对人的利益威胁，提供了法律的存在基础和基本功能：调整利益冲突。

法律调整人际利益冲突的方式有两种。一是法律划定个人利益范围，作为具有正当性（right）的法律权利（right）予以确认和保护。换言之，每个人能够不损害他人而进行活动的界限是由法律规定的，正像两块天地之间的界限是由界桩确定的一样。二是法律运用国家强制力惩罚那些侵犯公民权利（私人利益的表现形式）的行为，来保障人权（私人利益）。质言之，现代社会的这些法律之所以对人有效，并非因为它是体现人本身的意志和本质的法律，而因为它们起统治作用，因为违反它就会受到惩罚。为什么要有强力的惩罚？就是基于现代社会对人性的基本想象。现代社会的基本单元——个人，是被假设为充满无限欲望而又自私利己的，本性与自然界的群狼素来并无太大差别，只有以强力惩罚为威慑，才能遏制人的趋向膨胀的非理性欲望，实现人与人的和平相处、社会的存续发展。

（二）现代社会何以需要法治？

人对人的不信任和猜忌，乃是源自对人性的不信任。人性偏私、德性低劣又倾向互相侵害，所以人不能相信人，只能信赖法律（制度）。由此法律成为基本的治国方略和社会控制手段，在现代社会备受尊崇，俨然如世俗的"上帝"。所以，德沃金就有"法律帝国"的说法，并说"法院是法律帝国的首都，法官是帝国的王侯"。法律傲视寰宇之姿态，可见一斑。

总之，贪婪、自私、少德和互害的人性认识，构成了现代法律潜在的观念基础或偏见。下面就以"袁厉害事件"和"彭宇案"所涉及立法与司法问题，予以具体说明。

第一，立法的人性预设。上述人性认识，是立法中以恶人推定和无赖假设为前提预设，把抑恶作为重心目标的人性根源。

就"袁厉害事件"主要涉及的相关法律来说，首先对捡到弃婴后向民政部门交送的事项，法律规定了特别繁琐的程序。根据《关于解决国内公民私自收养子女有关问题的通知》，捡到弃婴必须首先向公安机关报案，让公安机关去事发地调查，录口供，做笔录，出具公安机关报案证明，然后依据这份证明，在民政部门领表填写捡拾弃婴（儿童）情况证明，由民政部门接受弃婴。整个过程繁琐而拖沓。相比较来说，许多人捡到弃婴直接放到袁厉害家门口，处理程序要简单得多。这套法律程序，也正是袁厉害想把收养的弃儿送交民政部门时，所面临的最大障碍：通过不了上述繁琐法律程序，比如没有第一时间报案、拿不出公安机关证明等。然而，让人疑惑的是，当"1·4"火灾悲剧发生被社会广泛关注时，袁厉害收养的弃儿立即跳过所有法律程序而顺利地被民政部门直接接收。这是对法律的讽刺，还是对人的讽刺？这些繁琐法律程序的背后，乃是对人性进而表现为对捡婴人、政府工作人员和收养人等人的深深不信任。其立法目的，就是以法律防范和抑制相关人侵害弃儿利益。

其次，根据收养法和《中国公民收养子女登记办法》，收养弃婴要提供的各类证明材料和通过的法律程序就更多、更繁琐了，并面临诸多细致的法律条件限制。根据《中国公民收养子女登记办法》的有关规定，领养孩子需办理以下手续："一、收养人应当向收养登记机关提交收养申请书和下列证件、证明材料。（一）收养人的居民户口簿和居民身份证；（二）由收养人所在单位或者村民委员会、居民委员会出具的本人婚姻状况和抚养教育被收养人的能力等情况的证明，以及收养人出具的子女情况声明；（三）县级以上医疗机构出具的未患有在医学上认为不应当收养子女的疾病的身体健康检查证明。二、收养查找不到生父母的弃婴、儿童的，并应当提交收养人经常居住地卫生健康主管部门出具的收养人生育情况证明；其中收养非社会福利机构抚养的查找不到生父母的弃婴、儿童的，收养人应当提交下列证明材料：（一）收养人经常居住地卫生健康主管部门出具的收养人生育情况证明；（二）公安机关出具的捡拾弃婴、儿童报案的证明。收养继子女的，可以只提交居民户口簿、居民身份证和收养人与被收养人生父或者生母结婚的证明。对收养人出具的子女情况声明，登记机关可以进行调查核实。"收养法规定，14岁以下的孤儿、查找不到生父母的弃婴和儿童、生父母有特殊困难无力抚养的子女可以被社会公众收养。收养孤儿、残疾儿童或者社会福利机构抚养的查找不到生父母的弃婴和儿童，可以不受"收养人无子女"和"收养一名"的限制。但收养应当向县级以上政府民政部门登记。如果是收养查找不到生父母的弃婴和儿童的，办理登记的民政部门还应在登记前公告。所以，依据上述法律，袁厉害只因不忍看着弃婴死去而做出的收养善举，性质上是"违法行为"。

再次，根据法律，袁厉害与被收养弃儿在事实上形成了监护法律关系。法律全面细致地规定了监护人必须承担的监护职责，严格设定了监护人不履行监护职责要承担的法律责任。其立法目的，一方面是为了保护被监护人利益；另一方面也是对监护人可能侵害被监护人利益的防范和抑制，体现着对监护人（包括父母）的德性的怀疑，从而对人性的深深猜疑。其背后的法理，乃是人性自私而少德，因而人与人不管是什么关系，哪怕是父母与子女的血亲关系，首先的也是利益威胁关系，更不用说没有血缘的关系（如袁厉害与弃儿）。那么依据上述民事法律，袁厉害就要对"1·4"火灾承担怠于履行监护职责的法律责任：赔偿受害人（如受伤者和遇难弃儿父母）损失。

最后，法律对人性是如此的猜疑，以致还要动用最严厉法律（刑法）设定了最严重的法律责任——刑事责任，来防范和遏制人性之恶。袁厉害被行政法律认定为"违法收养"，被民事法律认定"怠于履行职责"，而要承担行政和民事法律责任外，还可能因上述所谓"违法"行为导致严重后果（7名儿童死亡、1人受伤），被以"过失致人死亡"的罪名送上法庭判处刑罚。

第二，司法的人性推理。假如真的进入了司法环节，袁厉害案件的处理过程和结果，也会深受上述人性认识影响吗？这可以根据以往发生的类似案件——"彭宇案"的司法处理逻辑，做一个类比推理和预测。就"彭宇案"的司法判决来看，正是基于自私、少德和互害的人性认识，法官才认定"彭宇撞到原告"的法律事实并判决被告彭宇败诉。只是在判决中，这样的人性认识转化为所谓的"常理""日常生活经验"或"社会情理"和进行司法推理的"经验法则"，是判决推定事实的最终依据和出发点。在"彭宇案"的判决中，法官认为，如果被告是做好事，根据社会情理，在原告的家人到达后，其完全可以言明事实经过并让原告的家人将原告送往医院，然后自行离开，但被告未作此等选择，其行为显然与情理相悖。根据日常生活经验，原告、被告素不认识，一般不会贸然借款，即便如被告所称为借款，在有承担事故责任之虞时，也应请公交站台上无利害关系的其他人证明，或者向原告亲属说明情况后索取借条（或说明）等书面材料。但是被告在本案中并未存在上述情况，而且在原告家属陪同前往医院的情况下，由其借款给原告的可能性不大；而如果撞伤他人，则最符合情理的做法是先行垫付款项。被告证人证明原告、被告双方到派出所处理本次事故，从该事实也可以推定出原告当时即以为是被被告撞倒而非被他人撞倒，在此情况下被告予以原告借款更不可能。综合以上事实及分析，可以认定该款并非借款，而应为赔偿款。依此"经验法则"，助人为乐与仁爱美德违反情理和生活经验，爱心善行是不正常行为。袁厉害因德获刑，频受法律伤害，竟成"正常合理"之事。

综上所述，美德的法律之伤，法理缘由有二：其一，人人贪婪偏私而易相互侵害，是法律的一个人性论基础；为防止如此人性导致社会分裂和崩溃，所以其二，消极抑恶才是现代法律的根本目标。

为了保障现代人"追求自己认为的幸福生活"的"消极自由"，法律放弃了扬善的积极目标，要求自身秉持"道德中立"或"道德无涉"的立场。其中结果，美德频受法律伤害。其一，法律间接伤害美德。法律秉持道德中立就不保护美德，从而取消了"护善"的积极功能，主观放纵美德受损甚至受害，实质是间接故意行恶。因为放弃"善"的标志或者昧于"善"的方向就是所谓的"恶"，"恶"就是"善"的放弃和匮乏。其二，法律直接伤害美德。如果法律和法律人将人简单定位于德性低劣的动物，并一味专注于抑恶，在面对和处理德性高尚的善人时，自然就发生"法不合人"的不适和错位。由此，法律与美德互伤在所难免。

那么法律与美德互相伤害困境的破解之道何在？这个问题，需要跳出现代思想局限，以古为镜，转向古典思想家们的伟大智慧寻求启示。

四、古今人性认识与法律目标的德性下行

人对人性和法律目标的成熟而系统的认识，要追溯到奠定人类思想史的"轴心期"（Axial Period）。该时期产生的经典思想，奠定了人类精神存在的基础，以及所谓的真正的人类历史。因为它将人性引进世界历史唯一的脉络之中，自此成为人类思想的一个永恒主题。

不应是巧合,在古代的思想家那里,无论东西方,德性(virtue)都被认为是人区别于动物的根本标志,追求美德乃是人性的本质需要。先秦儒家的思想家在论述人禽之辨时,就把仁、义、忠、信等德性作为人之为人的根本标志。古希腊的思想家柏拉图、亚里士多德也都认为,人是在城邦中追求德性完善和灵魂不朽的政治动物,因此,人的好生活就是追求美德、实现自身德性完善的生活。质言之,在古典思想中,人应当是追求美德的人,而非欲望至上的利己之人。

由此,培育公民美德、提升人的德性就成为古典政治的主要目标。在先秦儒家的政治理念中,政治的根本目的和价值是提高人民的精神品质,是成就人性的伟大精神事业。亚里士多德也指出,城邦不仅为生活而存在,实在应该为优良的生活而存在;假如它的目的只是为了生活(生存),那么,奴隶可能组成奴隶的城邦,野兽或者也可以有野兽的城邦。城邦的目的不仅为寻求互助以防御一切侵害,也不仅为便利物品交换以促进经济的往来,城邦是若干生活良好的家庭或部族为了追求自足而且至善的生活,才行结合而构成的,凡订有良法而有志于实行善政的城邦就得操心全邦人民生活中的一切善德和恶行。所以,要不是徒有虚名,而真正无愧为一"城邦"者,必须以促进善德为目的。由此我们可以得出结论:政治团体的存在并不由于社会生活,而是为了美善的行为。

因而,培育美德,也是古代法律的根本目的。如果不是这样,"法律无异于一些临时的合同——或引用智者(诡辩派)吕哥弗隆的话语,法律只是'人们互不侵害对方权利的(临时)保证'而已,法律的实际意义却应该是促成全邦人民都能进于正义和善德的'永久'制度"。因为人之成为具有德性的人,所凭借的是习惯的培养教化,这个培养习惯的过程,需要凭借法律、习俗以及劝诫。

然而,政治哲学发展到马基雅维利时就出现巨大断裂。马基雅维利批评古人将人的目标定的过高,并绝然放弃对应然生活的追求,彻底颠覆了把美德作为人的生活最高追求的古典政治哲学传统,因此而被誉为是现代政治哲学的创立者。自此,政治哲学开始从古代迈入现代,同时关于人性和法律目标的认识,也发生了一个从美德到欲望的下行之变。

现代政治和法律哲学,首先将自身基础建立在人的自然欲求之上,规定现代政治和法律根本目标是顺从、满足和极大激发并再满足人的欲望，而非鼓励、支持和培育公民美德。因为价值多元已是现代社会的不争事实，人们之间根本无法就何谓美德达成共识，社会根本不存在普遍尊崇的美德。自由，尤其是价值选择的自由，是现代人神圣不可侵犯的私域。所以，政治和法律追求美德是不但不可行，而且有害人的自由。其次它把人的欲望，在理论上加以装饰，使其正当化为"自然权利"（right），作为公民各项具体政治法律权利的根据，欲望借助权利这个美好而正确的概念，成为现代政治的终极目标。由此，自然欲求或人的权利而非公民德性成为现代政治和法律之正当性的根源。

这个变化在法律上有如下体现：其一，人的身体与物质生活条件成为法律首要和主要的关注对象，法律即使关注人的道德，也是最低限度的道德；其二，自我保存（生命权）和人的欲望（各种权利）成为现代法律制度的起点、根基和目的；其三，法律的主体，是自私自利、追求利益最大化的个人；其四，承认、保障、增加和调节人的利益，成为法律的一个核心价值。

从美德到欲望，古今政治的根基或法律的追求，所发生的下行之变，标志着人的生存方式也由高贵转向了卑俗。在孔子看来，这种转向毋宁是一种堕落，是走向了野蛮，而非文明。子曰："质胜文则野，文胜质则史。文质彬彬，然后君子。"在古典世界里，人是追求善的目的的理性动物和政治动物。只有在政治领域中的公民，才能完善和提升自己；同时，良好的政治秩序也依赖这些富有美德的公民的参与。而在现代世界里，人不是道德的、政治的存在，而是一群饱食终日、贪图安逸的人，整日完全服从最低下的欲望；他们是一群消费者，他们购买的是对先已存在的自然权利的中立而有效的保护；他们唯一的目的是私人生活的安全与财产。可见在现代社会，人的标准被大大降低了。从此，追求道德高尚、灵魂卓越的公民消失了，追求自然权利的个体才是现代社会的主角。现代政治和法律根植于现实的人性欲望，建立在一个比较低俗（low）的人性基础之上，却因迎合了大多数人的自然欲望，而获得了根深蒂固的稳定（solid）力量。因为人与人之间实现了普遍平等：德性低劣的动物式欲望平等。近代中国的启蒙思想家康有为就指出人与人的动物式平等，人禽无别："夫性者，受天命之自然，至顺者也。不独人有之，禽兽有之，草木亦有之。附子性热，大黄性凉是也。若名之曰人，性不必远。故孔子曰：

'性相近也。'……夫相近,则平等之谓,故有性无学,人人相等,同是食味、别声、被色,无所谓小人,无所谓大人也。有性无学,则人欲禽兽相等,同是视听运动,尤人禽之别也。"平等正是现代民主政治的根本原则,也是现代法律的重要价值追求。法律面前人人平等,其真意乃是在法律面前人人欲望平等。自此,政治不再是提升公民德性的事业,而和法律一道成为以满足人欲、保障人权为唯一目的的人为建构。

以古为镜,方能映显和诊疗当今问题。人性认识和法律追求的下行之变,在营造一个繁荣现代社会的同时,也带来诸多社会和法律问题。

第一,美德总被伤害。现代社会和法律对人先入为主地进行恶人推定和无赖假设,一律视为德性低劣,忽视了人的实际德性差别。在古典思想中,人的德性差别,是永恒存在的基本事实。所以,依据德性差别,孔子对人有君子和小人之分,亚里士多德也有高贵和卑下之分。以对待低劣德性的态度和(法律)制度,来对待和处理美德,无疑会对美德造成极大伤害。袁厉害已然被舆论的恶意质疑所伤,面临着法律之伤,而"彭宇案"则已为法律所伤。

第二,社会道德衰微。现代社会和法律专注"抑恶",目标过于单一。法律预设人德性普遍低劣,并保持道德中立。"物竞天择,适者生存",处于应对恶人的社会法则之下,人的德性不可能会高尚,美德也不可能得到培育,反而会无限堕落,陷入劣币驱逐良币、恶驱逐德的循环。例如,"彭宇案"的司法判决,所包含的潜在教导——"不敢做好人,好人会吃亏受害",所产生的消极社会道德效应至今还难以估量。如此一来,美德愈加珍稀和罕见,时有出现,反被视为反常现象,备受怀疑和嘲讽。在美德生存和成长的极为不利社会环境下,社会道德难保不衰。

第三,社会信任危机。从理论上说,如果人本性贪婪、自私、少德,那么人对人必然充满怀疑、警惕、防范和不信任。在现实中,这种低下的人性观念,也为越来越多人所接受和信奉,并逐渐成为社会主导观念。人对人的不信任,甚至就是现代社会的人际关系原则。舍勒认为,现代社会中"人对人原则上的不信任态度……惧怕被竞争对手所骗的商人"秉性。法律对一些社会事件(如彭宇案)处理的放大影响,更使人与人的信任危机重重,以致社会总体信任出现危机。若社会信任不存,社会也必然难以维系,更谈不上和谐发展。所以,人与人的信任危机对社会的危害,乃是根本性的危害。

第四，人之神圣性不存。人性平等，即人人同有欲望，人人欲望平等。在这样的人性想象中，科耶夫所谓"普遍无差异的国家"（the universal and homogeneous state）终于建成。此间没有高贵和卑贱之分，没有聪明与愚蠢之分，没有优美与丑恶之分，没有深刻与肤浅之分，没有优秀与平庸之分，一切事物和所有人都被拉平、实现普遍平等，拉到最大众、最通俗、最低下的位置。霍布斯、洛克以来的自由主义传统就是建立在这种对人的理解之上，施特劳斯将之称为"堕落的自由主义"（perverted liberalism）。它宣扬人的唯一目的就是只要活得开心而不受约束，却全然忘了人要追求的是品质高尚、出类拔萃、德性完美。所以低下的平等政治，最终导致了现代性的最大悖论：现代性的初衷和出发点是为了把人提高到神的地位，作为世界唯一主体，以此凸显人的神圣性和独特尊严，结果却把人降低到了动物的地位，使人彻底丧失神圣性和独特尊严。与之相应，古人心中"完善人之德性"的政治和法律事业也随之被祛魅，彻底失去神圣性。

五、善待美德才是良法善治

因此，如何破解"美德与法律互伤"的现实困境，发于古典法律智慧的核心启示即是：法律应善待美德。

第一，法律善待美德，拯救神圣人性。

美德，是人的神圣性和独特尊严的根本标志，是人性的升华。对神圣性的追求，体现了人超越动物的类自觉。"作为类的存在物，人具有区别于其他动物的'类特性'"。所以，自觉追求超越动物的独特尊严和神圣性，是发自人性的内在需求，

奠定人类思想根基的轴心时代，就是一个"人的自觉"的时代，具体地说，自觉于"人禽之辨"，企图建立一个超越于动物世界的"人化"世界。人禽之辨，是轴心时期中西思想家的一个共同问题意识。先秦诸子言："学恶乎始？恶乎终？曰：其数则始乎诵经，终乎读礼；其义则始乎为士，终乎为圣人。""故学数有终，若其义则不可须臾舍也。为之，人也；舍之，禽兽也。""人之所以异于禽兽者几希？庶民去之，君子存之；舜明于庶物，察于人伦，由仁义行，非行仁义也。""人之有道也，饱食暖衣，逸居而无教，则近于禽兽。圣人有忧之，使契为司徒，教以人伦：父子有亲，君臣有义，夫妇有别，长幼有序，

朋友有信。"动物是没有精神的纯肉体的存在，本能和欲望的支配是动物世界的唯一法则。人首先是动物，同样是基于本能而追逐欲望满足的肉体存在。可人又是具有精神规定性的存在，不能停留于动物的生存状态，而要超越动物世界的生存法则，进入一个真正属人的世界。因为人追求物欲实在没有什么高深的道理可讲，更体现不出人的尊严和神圣性。换言之，人，包括政治和法律，不能放弃人禽之辨，放弃人对动物的自觉超越，而是要追求人的独特尊严，成就人的神圣性。

只有善才具有人性的深度的。选择善意味着对动物式生存状态的超越，意味着对自我欲望的理性克制，是对自我的提升。所以，古代思想家一致把"美德"作为人别于并超越于动物、体现人之神圣性的最根本标志。对神圣性的体悟和追求是古代政治的重要特征，对民众的精神教化是古代政治的重大职责。他们坚信人性应该是一个向上（善）升华的成长过程的"成人论"，并将其"确立为政治事业的崇高目标"。古希腊的亚里士多德也认为，失去美德，人不但与动物无异，毫无神圣性可言，而且还会堕落为最恶劣残暴的动物。

第二，法律善待美德，维系社会永续。

在马克思看来，人的存在方式，至少可分为三种形态——"个体的存在、类存在和群体的存在"，人是类、群体和个体存在的有机结合。美德体现了人对个体存在的超越，对同类、对共同体的自觉，体现了人的类意识和群体意识。从主观方面来说，有了对自身的类存在和群体存在、对共同体价值的自觉意识，个体才会产生竭力维护社会共同体存续的自觉意识。从客观方面来说，美德，如仁爱、诚信等，在最终意义上几乎都会产生利他，从而促进社会互信和团结的客观效果。所以，美德是社会共同体得以维系并持续发展的积极力量。

为什么要维系社会永续？

其一，人在本性注定过一种共同体的群居生活，也即政治生活，正是人区别并超越动物的本质特征之一。人自然是趋向于城邦生活的动物，在本性上，也正是政治的动物。荀子也云："人……力不若牛，走不若马，而牛马为用，何也？曰：人能群，彼不能群也。人何以能群？曰分。分何以能行？曰义。故义以分则和，和则一，一则多力，多力则强，强则胜物……故人生不能无群，群而无分则争，争则乱，乱则离，离则弱，弱则不能胜物。"孔子说："鸟兽不可与同群,吾非斯人之徒与而谁与?"所以,人是必须过群居生活的动物,"群"的世界,也即社会共同体才是真正属人的世界。

其二,人类组成共同体,才能满足自身自然需求,获得自足。在亚里士多德看来,人类组成并不断发展共同体——从男女结合组成家庭到发展为村落,直至演化为城邦——的直接目的,就是为了满足生活需要,获得自足。换言之,满足人的自然欲求,是古代政治的基本目的或首要任务。近代启蒙时期的霍布斯、洛克、卢梭等自然法学家,也是将满足人的欲求(表现为和平、安全、财产、自由等自然权利)作为人们组成社会、建立国家和制定法律的目的,不过是作为唯一的目的。势单力薄的单个人,组成了命运休戚相关的共同体,才能互帮互助,运用集体力量和智慧而共同存活并得以自足。

其三,人的神圣性和尊严,在共同体中才能实现。首先,共同体是美德产生的基础。有共同体,有人与人的关系,才有所谓德与恶;单个人无所谓善恶,无群亦无德。其次,共同体的终极目的就是培育美德。人组成共同体,直接或首先的目的是自足,但更为根本的目的乃是优良的生活,也即合乎美德的生活。所以,共同体成就了美德。人的美德,只有在共同中才能得以培育;人的神圣性和尊严,也只有在共同体中才能实现。

第三,法律善待美德,承担完整使命。

关注欲望,培育美德;既要抑恶,更重扬善,是古典思想中政治与法律的完整使命和目标。古希腊的伟大心灵不仅把生活自足作为古代城邦的一个目标,而且更把培育美德作为城邦及法律的一个中心使命。奠定古代中国法律思想基础的先秦儒家,也是"立足于大地"的。"相对于神之子,孔子可以说是大地之子,这不只是因为他关怀的是今生今世的人格、文化、社会、政治等问题,而是由于他的生命、他的精神,彻彻底底是根植于大地之上的。"因为他们从未否定过人的现实生存欲求,并要"庶之""富之""养之""足之"。但他们却又始终不忘仰视"天宇"。在他们看来,人并非自足自洽的孤立原子式存在,源于"天道"的精神性根脉才是人走出动物世界的基本保证。比如,"子适卫,冉有仆。子曰:'庶矣哉!'冉有曰:'既庶矣,又何加焉?'曰:'富之。'曰:'既富矣,又何加焉?'曰:'教之。'""子谓子产,'有君子之道四焉:其行己也恭,其事上也敬,其养民也惠,其使民也义。'"孟子也有言:"是故明君制民之产,必使仰足以事父母,俯足以畜妻子,乐岁终身饱,凶年免于死亡；然后驱而之善，故民之从之也轻。""庶之""富之"而后"教之"的排列顺序，表明先秦儒家颇为重视人们物质生活欲求的满足，如此才能接受伦理教化，提升人的德性，从而在根本上超越动物世界的生存法则，建构起真正属人的文明世界；也表明人之生存欲求问题，是基础和前提。在逻辑顺序上说，政治的基本目标首先是解决人的生存欲求问题，然后培育美德，提升德性；在价值序列中，培育美德目标高于满足欲望目标；最后，作为完整的政治法律目标，二者又缺一不可。不管是古代曾盛行的"存天理、灭人欲"之论，还是当今流行的"重人欲、轻美德"之说，它们偏废其一对人类社会所产生的一系列危害，已成显见事实。

所以，肯定人欲并将其正当化为人权，再确认为各项法律权利，是现代政治的发明，也是现代法律的重大成就。但追求欲望满足和权利实现之时，更要推动美德成长，这是古代对现代的宝贵法理启示和补遗。法律善待美德，就是承担抑恶并扬善的正确使命。

第四，法律善待美德，给予正向激励。

所谓正向激励，就是法律要积极肯定美德，让美德行为受益。具体来说，（1）是发挥自身引导和教育作用，支持和鼓励美德；（2）是运用自身评价和强制作用守护美德；（3）是最终发挥法律的预测作用，逐渐营造有利美德生存成长的稳定社会环境，最终形成培育和守护美德的良性循环机制。具体到本文的个案，法律要善待美德，首要的就是避免发生袁厉害获刑的恶果。在法律范围内可以采取的对策之一，就是援引刑法总则第十三条，以"情节显著轻微危害不大的，不认为是犯罪"，排除一切诸如"过失致人死亡"的刑事指控。如此，爱心公民袁厉害才不会因恐惧受伤再不敢有美德，公民美德才不会发生"多米诺骨牌"式的倒下效应。

参考文献

（一）外文译著

1. 《马克思恩格斯全集》（第1卷），人民出版社，1995年版。
2. 《马克思恩格斯全集》（第3卷），人民出版社，2002年版。
3. 《马克思恩格斯选集》（第1、2、3、4卷），人民出版社，2012年版。
4. 《列宁全集》（第29、31卷），人民出版社，1985年版。
5. 《列宁选集》（第1、3卷），人民出版社，1995年版。
6. 柏拉图：《理想国》，郭斌和，张竹明，译，商务印书馆，1986年版。
7. 亚里士多德：《尼各马可伦理学》，廖申白，译注，商务印书馆，2003年版。
8. 亚里士多德：《政治学》，吴寿彭，译，商务印书馆，1965年版。
9. 亚里士多德：《雅典政制》，日知，力野，译，上海人民出版社，2010年版。
10. 奥古斯丁：《上帝之城》，王晓朝，译，人民出版社，2006年版。
11. 托马斯·阿奎那：《阿奎那政治著作选》，马清槐，译，商务印书馆，1963年版。
12. 约翰·洛克：《政府论》，瞿菊农，叶启芳，译，商务印书馆，1982年版。
13. 约翰·洛克：《政府论》，叶启芳，瞿菊农，译，商务印书馆，1964年版。
14. 托马斯·霍布斯：《利维坦》，黎思复，黎廷弼，译，杨昌裕，校，商务印书馆，1985年版。
15. 托马斯·霍布斯：《论公民》，应星，冯克利，译，贵州人民出版社，2003年版。
16. 大卫·休谟：《人性论》，关文运，译，郑之骧，校，商务印书馆，1980版。
17. 亚当·斯密：《道德情操论》，蒋自强，钦北愚，蒋自强，等译，胡企林，校，商务印书馆，1997年版。

18. 伯特兰·罗素：《西方哲学史：上卷》，何兆武，李约瑟，译，商务印书馆，1963年版。

19. 伯特兰·罗素：《西方哲学史：下卷》，马元德，译，商务印书馆，1976年版。

20. 伯特兰·罗素：《权力论：新社会分析》，吴友三，译，商务印书馆，1991年版。

21. 亨利·梅因：《古代法》，沈景一，译，商务印书馆，1959年版。

22. 罗宾·柯林伍德：《自然的观念》，吴国盛，柯映红，译，华夏出版社，1998年版。

23. 厄奈斯特·巴克：《希腊政治理论》，卢华萍，译，吉林人民出版社，2003年版。

24. 威廉·葛德文：《政治正义论》，何慕李，译，关在汉，校，商务印书馆，1980年版。

25. 韦恩·莫里森：《法理学：从古希腊到后现代》，李桂林，李清伟，侯健，等译，武汉大学出版社，2003年版。

26. 伦纳德·霍布豪斯：《社会正义要素》，孔兆政，译，吉林人民出版社，2011年版。

27. 约翰·阿克顿：《自由与权力：阿克顿勋爵论说文集》，侯健，范亚峰，译，商务印书馆，2003年版。

28. 约翰·阿克顿：《自由史论》，胡传胜，陈刚，李滨，等译，译林出版社，2012年版。

29. 约翰·奥斯丁：《法理学的范围》，刘星，译，中国法制出版社，2002年版。

30. J.S.密尔：《代议制政府》，汪瑄，译，商务印书馆，1982年版。

31. J.S.密尔：《论自由》，许宝骙，译，商务印书馆，1959年版。

32. 昆廷·斯金纳：《近代政治思想的基础》，奚瑞森，亚方，译，商务印书馆，2002年版。

33. 马丁·洛克林：《剑与天平——法律与政治关系的省察》，高秦伟，译，北京大学出版社，2011年版。

34. A.J.M. 米尔恩：《人的权利与人的多样性——人权哲学》，夏勇，张志铭，译，中国大百科全书出版社，1995年版。

35. 以赛亚·伯林：《自由论》，胡传胜，译，译林出版社，2011年版。

36. 伯尔基：《马克思主义的起源》，伍庆，王文扬，译，华东师范大学出版社，2007年版。

37. D·布迪，C·莫里斯：《中华帝国的法律》，朱勇，译，江苏人民出版社，2003年版。

38. 列奥·施特劳斯：《自然权利与历史》，彭刚，译，生活·读书·新知三联书店，2003年版。

39. 列奥·施特劳斯：《霍布斯的政治哲学：基础与起源》，申彤，译，译林出版社，2001年版。

40. E. 埃德蒙斯·霍贝尔：《原始人的法：法律的动态比较研究》，严存生，等译，法律出版社，2012年版。

41. 路易斯·摩尔根：《古代社会》，杨东莼，张栗原，冯汉骥，译，商务印书馆，1971年版。

42. A. 麦金太尔：《谁之正义？何种合理性？》，万俊人，译，当代中国出版社，1996年版。

43. A. 麦金太尔：《追寻美德：道德理论研究》，宋继杰，译，译林出版社，2011年版。

44. 约翰·罗尔斯：《正义论》，何怀宏，何包钢，廖申白，译，中国社会科学出版社，1988年版。

45. 罗伯特·诺齐克：《无政府、国家与乌托邦》，何怀宏，译，中国社会科学出版社，1991年版。

46. 理查德·A. 波斯纳：《法理学问题》，苏力，译，中国政法大学出版社，2001年版。

47. 乔万尼·萨托利：《民主新论》，冯克利，阎克文，译，上海人民出版社，2008年版。

48. 斯科特·戈登：《控制国家——从古代雅典到今天的宪政史》，应奇，陈丽微，孟军，等译，江苏人民出版社，2005年版。

49. 乔治·萨拜因：《政治学说史》，托马斯·索尔森修订，邓正来，译，上海人民出版社，2010年版。

50. 哈罗德·J. 伯尔曼：《法律与革命——西方法律传统的形成》，贺卫方，高鸿钧，张志铭，等译，中国大百科全书出版社，1993年版。

51. 汉密尔顿，杰伊，麦迪逊：《联邦党人文集》，程逢如，在汉，舒逊，译，商务印书馆，1980年版。

52. 罗伯特·达尔：《论民主》，李柏光，林猛，译，商务印书馆，1999年版。

53. 汉娜·阿伦特：《马克思与西方政治思想传统》，孙传钊，译，江苏人民出版社，2007年版。

54. 弗斯代尔·德·库朗热：《古代城邦——古希腊罗马祭祀、权利和政制研究》，谭立铸，译，华东师范大学出版社，2006版。

55. 让·雅克·卢梭：《社会契约论》，何兆武，译，商务印书馆，1963年版。

56. 让·雅克·卢梭：《论人与人之间不平等的起因和基础》，李平沤，译，商务印书馆，2015年版。

57. 孟德斯鸠：《论法的精神》，张雁深，译，商务印书馆，1961年版；

58. 邦雅曼·贡斯当：《古代人的自由与现代人的自由：贡斯当政治论文选》，阎克文，刘满贵，译，商务印书馆，1999年版。

59. 托克维尔：《论美国的民主》，董果良，译，商务印书馆，1988年版。

60. 皮埃尔·勒鲁：《论平等》，王允道，译，肖厚德，校，商务印书馆，1988年版。

61. 康德：《历史理性批判文集》，何兆武，译，商务印书馆，1990年版。

62. 康德：《法的形而上学原理——权利科学》，沈叔平，译，林荣远，校，商务印书馆，1991年版。

63. 康德：《实践理性批判》，韩水法，译，商务印书馆，1999年版。

64. 黑格尔：《法哲学原理》，范扬，张企泰，译，商务印书馆，1961年版。

65. 马克斯·韦伯：《学术与政治：韦伯的两篇演说》，冯克利，译，生活·读书·新知三联书店，1998年版。

66. 马克斯·韦伯：《支配社会学》，康乐，简惠美，译，广西师范大学出版社，2010年版。

67. 马克斯·韦伯：《韦伯政治著作选》，拉斯曼，斯佩尔斯，编，阎克文，译，东方出版社，2009年版。

68. 海因里希·罗门：《自然法的观念史和哲学》，姚中秋，译，上海三联书店，2007年版。

69. E·卡西勒：《启蒙哲学》，顾伟铭，杨光仲，郑楚宣，译，山东人民出版社，1988年版。

70. 亨利希·库诺：《马克思的历史、社会和国家学说：马克思的社会学的基本要点》，袁志英，译，上海译文出版社，2006年版。

71. 欧根·埃利希：《法社会学原理》，舒国滢，译，中国大百科出版社，2009年版。

72. 汉斯·凯尔森：《法与国家一般理论》，沈宗灵，译，中国大百科全书出版社，1996年版。

73. 登特列夫：《自然法：法律哲学导论》，李日章，染捷，王利，译，新星出版社，2008年版。

74. 尼科务·马基雅维里：《君主论》，潘汉典，译，商务印书馆，1985年版。

75. 雅各布·布克哈特：《意大利文艺复兴时期的文化》，何新，译，马香雪，校，商务印书馆，1979年版。

（二）中文著作

76. 《毛泽东选集》（第1、2、3、4卷），人民出版社，1991年版。

77. 《建国以来毛泽东文稿》（第6册），中央文献出版社，1992年版。

78. 《邓小平文选》（第1、2、3卷），人民出版社，1994年版。

79. 蔡定剑：《国家监督制度》，中国法制出版社，1991年版。

80. 俞荣根：《儒家法思想通论》，广西人民出版社，1992年版。

81. 梁启超：《先秦政治思想史》，东方出版社，1996年版。

82. 刘小枫：《现代性社会理论绪论——现代性与现代中国》，上海三联书店，1998年版。

83. 瞿同祖：《瞿同祖法学论著集》，中国政法大学出版社，1998年版。

84. 程燎原，王人博：《赢得神圣——权利及其救济通论》，山东人民出版社，1993年版。

85. 张光直：《中国青铜时代》，生活·读书·新知三联书店，1999年版。

86. 谢鹏程：《公民的基本权利》，中国社会科学出版社，1999年版。

87. 薛刚凌：《行政诉权研究》，华文出版社，1999年版。

88. 宋玉波：《民主政制比较研究》，法律出版社，2001年版。

89. 应星：《大河移民上访的故事：从"讨个说法"到"摆平理顺"》，生活·读书·新知三联书店，2001年版。

90. 何怀宏：《西方公民不服从的传统》，吉林人民出版社，2001年版。

91. 慈继伟：《正义的两面》，生活·读书·新知三联书店，2001年版。

92. 林来梵：《从宪法规范到规范宪法：规范宪法学的一种前言》，法律出版社，2001年版。

93. 夏勇：《人权概念起源：权利的历史哲学》，中国社会科学出版社，2007年版。

94. 夏勇：《中国民权哲学》，生活·读书·新知三联书店，2004年版。

95. 李交发：《中国诉讼法史》，中国检察出版社，2002年版。

96. 丛日云：《上帝与恺撒之间：基督教二元政治观与近代自由主义》，生活·读书·新知三联书店，2003年版。

97. 赵明：《近代中国的自然权利观》，山东人民出版社，2003年版。

98. 赵明：《先秦儒家政治哲学引论》，北京大学出版社，2004年版。

99. 顾培东：《社会冲突与诉讼机制》，法律出版社，2004年版。

100. 喻中：《法律文化视野中的权力》，山东人民出版社，2004年版。

101. 吴思：《隐蔽的秩序——拆解历史弈局》，海南出版社，2004年版。

102. 梁治平：《法意与人情》，中国法制出版社，2004年版。

103. 程志敏：《宫墙之门——柏拉图政治哲学发凡》，华夏出版社，2005年版。

104. 徐昕：《论私力救济》，中国政法大学出版社，2005年版。

105. 王世涛：《行政侵权研究》，中国人民公安大学出版社，2005年版。

106. 张兆凯：《中国古代司法制度史》，岳麓书社，2005年版。

107. 李步云：《人权法学》，高等教育出版社，2005年版。

108. 蔡定剑：《宪法精解》，法律出版社，2004年版。

109. 林喆：《公民基本人权法律制度研究》，北京大学出版社，2006年版。

110. 张伟仁：《先秦政法理论》，陈金全，注，人民出版社，2006年版。

111. 葛兆光：《古代中国文化讲义》，复旦大学出版社，2006年版。

112. 苏力：《法律与文学：以中国传统戏剧为材料》，生活·读书·新知三联书店，2006年版。

113. 姚大志：《何谓正义：当代西方政治哲学研究》，人民出版社，2007年版。

114. 戴剑波：《权利正义论：基于法哲学与法社会学立场的权利制度正义理论》，法律出版社，2007年版。

115. 王培英：《中国宪法文献通编》，中国法制出版社，2007年版。

116. 毛国权：《宗法结构与中国古代民事争议解决机制》，法律出版社，2007年版。

117. 黄显中：《公正德性论：亚里士多德公正思想研究》，商务印书馆，2008年版。

118. 郭道晖：《社会权力与公民社会》，译林出版社，2009年版。

119. 周尚君：《自由主义之后的自由：马克思〈巴黎手稿〉的法哲学问题》，法律出版社，2010年版。

120. 任瑞兴：《在价值与技术之间：一种诉权的法理学分析》，法律出版社，2010年版。

121. 晁乐红：《中庸与中道：先秦儒家与亚里士多德伦理思想比较研究》，人民出版社，2010年版。

122. 蒋冬梅：《"杀人者死"的中国法律传统研究》，上海人民出版社，2011年版。

123. 曾宪义，马小红：《礼与法：中国传统法律文化总论》，中国人民大学出版社，2012年版。

124. 范忠信：《官与民：中国传统行政法制文化研究》，中国人民大学出版社，2012年版。

125. 金观涛，刘青峰：《兴盛与危机：论中国社会超稳定结构》，法律出版社，2011年版。

126. 金观涛，刘青峰：《开放中的变迁：再论中国社会超稳定结构》，法律出版社，2011年版。

127. 金观涛，刘青峰：《中国现代思想的起源：超稳定结构与中国政治文化的演变》，法律出版社，2011年版。

128. 宋玉波：《比较政治制度》，法律出版社，2001年版。

129. 孟庆涛：《革命·宪法·现代性》，中国政法大学出版社，2012年版。

130. 刘志峰：《政治转型与行政审判：中国行政审判的历史解读》，中央民族大学出版社，2012年版。

131. 付子堂等：《发展中法治论：当代中国转型期的法律与社会研究》，北京大学出版社，2013年版。

（三）中文论文

132. 张洪新：《为权利的相关性命题申辩》，载《人权研究》2018年第19卷第1期。

133. 陈景辉：《权利和义务是对应的吗？》，载《法制与社会发展》2014年第20卷第3期。

134. 钱大军，尹奎杰，朱振：《权利应当如何证明：权利的证明方式》，载《法制与社会发展》2007年第1期。

135. 贺来：《"关系理性"与真实的"共同体"》，载《中国社会科学》2015年第6期。

136. 李芊蕾，秦琴：《试论中国人的"关系理性"》，载《中共浙江省委党校学报》2008年第3期。

137. 秦亚青：《关系本位与过程建构：将中国理念植入国际关系理论》，载《中国社会科学》2009年第3期。

138. 姚建宗：《新兴权利论纲》，载《法制与社会发展》2010年第16卷第2期。

139. 陈聪：《"乞讨权利"的法理分析》，载《行政与法》2008年第9期。

140. 刘小平：《新兴权利的证成及其基础——以"安宁死亡权"为个例的分析》，载《学习与探索》2015年第4期。

141. 雷磊：《新兴（新型）权利的证成标准》，载《法学论坛》2019年第34卷第3期。

142. 谢晖：《从制度修辞视角看法律信仰》，载《北方法学》2016年第10卷第6期。

143. 陈寒非：《"律"义探源》，载《现代法学》2013年第35卷第3期。

144. 徐晋如：《礼治是人治与法治的调和》，载《原道》2017第1期。

145. 毛立云：《自然奴隶：磐石之上的种子——亚里士多德自然奴隶学说的哲学解读》，载《上海交通大学学报（哲学社会科学版）》2015年第23卷第5期。

146. 许章润：《论立法者——在政治正义的意义上思考正当法，并论及法律的渊源和品格》，载《苏州大学学报（法学版）》2014年第1卷第3期。

147. 关保英：《恶法非法论》，《学术月刊》2017年第49卷第11期。

148. 贺艳：《中西方法治理念之比较——以自然法思想对法治理念的影响为主要视角》，载《人文杂志》2010年第2期。

149. 陈忠林：《"恶法"非法——对传统法学理论的反思》，《社会科学家》2009年第2期。

150. 张永和：《法律不能被信仰的理由》，载《政法论坛》2006年第3期。

151. 范愉：《法律信仰批判》，载《现代法学》2008年第1期。

152. 郝铁川：《温柔的抵抗——关于"良性违宪"的几点说明》，载《法学》1997年第5期。

153. 苏力：《变法，法治建设及其本土资源》，载《中外法学》1995年第5期。

154. 胡兴建：《为了自由——论卢梭法哲学的主题及其演进》，西南政法大学博士论文，2008年3月。

（四）外文类

155. Donald Cameron Rowat, *The Ombudsman: Citizen's Defender*, London: G. Allen & Unwin, 1968.

156. Brian Barry, *The Liberal Theory of Justice*, Oxford: Clarendon Press, 1973.

157. James M. Buchanan, *The Limits of Liberty*, Chicago: the University of Chicago Press, 1975.

158. Alan Ryan, *The Idea of Freedom*, New York : Oxford University Press, 1979.

159. Joel Feinberg, *Rights, Justice, and the Bounds of Liberty,* Princeton: Princeton University Press, 1980.

160. Bruce A. Ackerman, *Social Justice in the Liberal State*, New Haven: Yale University Press, 1980.

161. Lucash. Frank S. edited, *Justice and Equality: Here and Now*, Ithaca:

Cornell University Press, 1986.

162. Carl Wellman, *An Approach to Rights*, Dordrecht: Kluwer Academic Publishers, 1997.

163. Gabriele Kucsko-Stadlmayer, *European Ombudsman-Institutions: A comparative legal analysis regarding the multifaceted realization of an idea*, Vienna: Springer, 2008.

164. Aristotle, *The Nicomachean Ethics*, trans. by David Ross, New York: Oxford University Press, 2009.

165. Richardo Moorhead and Pascoe Pleasence, "Access to Justice áfter Universalism: Introduction", *Journal of Law and Society*, Vol. 30, No. 1, Mar., 2003.

166. Hillary Sommerlad, "Some Reflections on the Relationship between Citizenship, Access to Justice, and the Reform of Legal Aid", *Journal of Law and Society*, Vol. 31, No. 3, March 2004.

167. Elizabeth J. Perry, "Chinese Conceptions of 'Rights': From Mencius to Mao and Now", *Perspectives on Politics*, Vol.6, No.1, Mar., 2008.

168. Carl Minzner, "Riots and Cover-ups: Counterproductive Control of Local Agents in China", *University of Pennsylvania Journal of International Law*, Vol.31, No.1, 2009.

169. Perry, Elizabeth. "China Since Tiananmen: A New Rights Consciousness ? ", *Journal of Democracy*, Vol.20, No. 3, 2009.